Ivan Koesjnir

Economie van Oost-Europa

Serie "Economie in landen"

eerst gepubliceerd: 2021
laatst bijgewerkt: 2021-02-02

Ivan Koesjnir. Economie van Oost-Europa. Serie "Economie in landen". - 2021. - 71 pages.

Dit boek over de economie van Oost-Europa van de jaren 1970 tot de jaren 2010. Brongegevens uit UN Data.

Grootte. In de jaren 2010 was het bruto binnenlands product van Oost-Europa gelijk aan US$3,2 biljoen per jaar; de waarde van de landbouw was US$116,4 miljard; de waarde van de industrie was US$746,0 miljard.

Productiviteit. In de jaren 2010 bedroeg het bruto binnenlands product per hoofd van de bevolking $10.925,7, de waarde van de landbouw per hoofd $395,6, de waarde van de industrie per hoofd $2.534,9. Omdat de productiviteit tussen het gemiddelde en het gemiddelde boven het gemiddelde ligt, wordt de economie geclassificeerd als ontwikkeld.

Groei. In de jaren 2010 bedroeg de groei van het bruto binnenlands product 2,3%; de groei van de landbouw was 1,2%; de groei van de industrie was 2,5%.

Structuur. In de jaren 2010 omvatte de economie van Oost-Europa: diensten (36,5%), industrie (26,3%), handel (16,7%), transport (9,3%), constructie (7,0%) en landbouw (4,1%).

Uitvoer en invoer. In de jaren 2010 was de uitvoer 11,6% hoger dan de invoer, de netto-uitvoer was gelijk aan 4,3% van het BBP.

Consumptie en reproductie. De houding van reproductie ten opzichte van de consumptie is niet beter dan het mondiale gemiddelde, dus het aandeel van het BBP in de wereld zal niet toenemen.

Serie "Economie in landen": parallel.page.link/nl

ISBN: 9798701856217

Inhoud

Part I. Grootte

	de jaren 2010
BBP	US$3,2 biljoen
Het aandeel in de wereld	4,1%
Het aandeel in Europa	15,3%

Hoofdstuk I. Bruto binnenlands product

Het BBP van Oost-Europa steeg van US$774,0 miljard per jaar in de jaren 1970 tot US$3,2 biljoen per jaar in de jaren 2010, dat wil zeggen met US$2,4 biljoen of 4,2 keer. De verandering vond plaats op US$1,6 biljoen als gevolg van een 2,0-voudige stijging van de prijzen, en ook op US$970,3 miljard als gevolg van een 2,5-voudige toename van de productiviteit , evenals op -US$107,2 miljard als gevolg van de afname van de bevolking. De gemiddelde jaarlijkse groei van het BBP is 2,3%. De minimumwaarde van het bruto binnenlands product bedroeg US$506,1 miljard in 1970. De maximumwaarde van het bruto binnenlands product bedroeg US$3,8 biljoen in 2013.

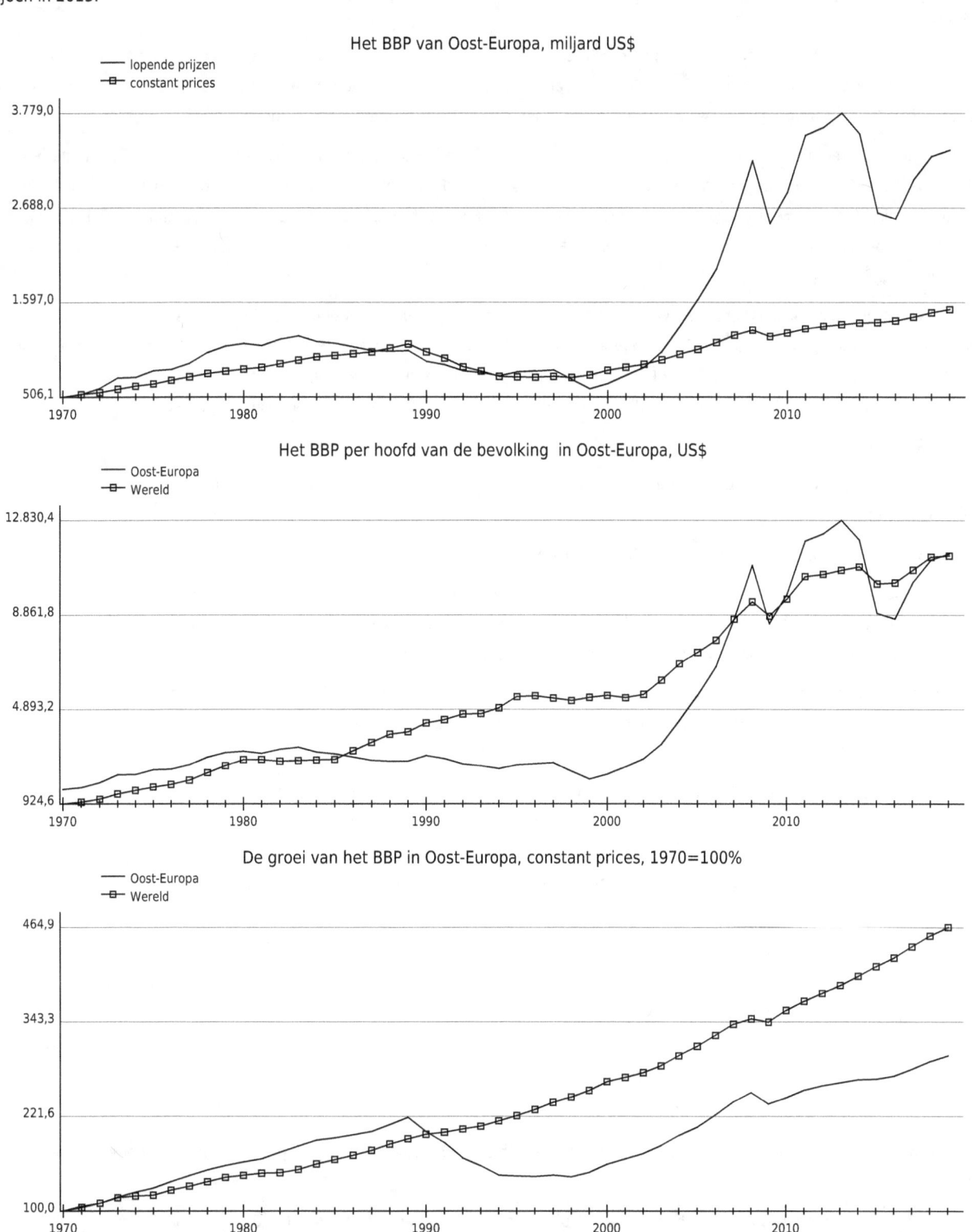

Het BBP van Oost-Europa, miljard US$

Het BBP per hoofd van de bevolking in Oost-Europa, US$

De groei van het BBP in Oost-Europa, constant prices, 1970=100%

de jaren 1970

Het bruto binnenlands product van Oost-Europa bedroeg in de jaren 1970 US$774,0 miljard per jaar, en was vergelijkbaar met Oost-Azië (US$777,3 miljard). Het aandeel in de wereld was 11,8%, en 28,9% in Europa.

Het BBP van Oost-Europa bestond uit: huishoudelijke uitgaven (49,1%), kapitaalvorming (32,1%) en overheidsuitgaven (18,0%).

Het bruto binnenlands product per hoofd in Oost-Europa was $2.265,7 in de jaren 1970s, en was vergelijkbaar met Trinidad en Tobago (US$2,2 duizend). Het bruto binnenlands product per hoofd in Oost-Europa was 39,8% hoger dan het bruto binnenlands product per hoofd van de bevolking in de wereld ($1.620,8), en was 38,7% lager dan het bruto binnenlands product per hoofd van de bevolking in Europa ($1.620,8).

De groei van het bruto binnenlands product in Oost-Europa bedroeg 5.3% in de jaren 1970, en was vergelijkbaar met Saint Kitts en Nevis (5,2%), Nigeria (5,3%), Hongarije (5,3%). De groei van het bruto binnenlands product in Oost-Europa (5,3%) was groter dan de groei van het BBP in de wereld (4,1%), was groter dan de groei van het bruto binnenlands product in Europa (3,6%).

Vergelijking met subregio's. Het bruto binnenlands product van Oost-Europa was groter dan in Noord-Europa (US$417,0 miljard) en in Zuid-Europa (US$407,2 miljard); maar minder dan in West-Europa (US$1,1 biljoen). Het BBP per hoofd in Oost-Europa was in Oost-Europa minder dan in West-Europa (US$6,4 duizend), in Noord-Europa (US$5,1 duizend) en in Zuid-Europa (US$3,1 duizend). De groei van het bruto binnenlands product in Oost-Europa was groter dan in Zuid-Europa (4,1%), in West-Europa (3,1%) en in Noord-Europa (2,8%).

Leiders. Het bruto binnenlands product van Oost-Europa in de jaren 1970 bestond uit: Sovjet-Unie (83,9%), Polen (6,3%), Tsjecho-Slowakije (3,6%), Roemenië (3,0%), Hongarije (1,6%), en andere (1,5%). Het BBP per hoofd in Oost-Europa onder de leiders: Sovjet-Unie ($2.574,9), Tsjecho-Slowakije ($1.905,1), Polen ($1.448,3), Hongarije ($1.209,9) en Roemenië ($1.074,4). De groei van het BBP onder de leiders: Roemenië (10,0%), Polen (5,9%), Hongarije (5,3%), Sovjet-Unie (4,8%) en Tsjecho-Slowakije (4,7%).

de jaren 1980

Het bruto binnenlands product van Oost-Europa bedroeg in de jaren 1980 US$1,1 biljoen per jaar. Het aandeel in de wereld was 7,3%, en 20,4% in Europa.

Het BBP van Oost-Europa bestond uit: huishoudelijke uitgaven (49,0%), kapitaalvorming (29,9%) en overheidsuitgaven (19,9%).

Het BBP per hoofd in Oost-Europa was $2.985,9 in de jaren 1980s, en was vergelijkbaar met Zuid-Korea (US$3,0 duizend). Het BBP per hoofd in Oost-Europa was 4,4% lager dan het bruto binnenlands product per hoofd van de bevolking in de wereld ($3.123,4), en was in 2,4 keer lager dan het bruto binnenlands product per hoofd van de bevolking in Europa ($3.123,4).

De groei van het bruto binnenlands product in Oost-Europa bedroeg 3.3% in de jaren 1980, en was vergelijkbaar met Portugal (3,3%), Chili (3,3%), Puerto Rico (3,3%). De groei van het bruto binnenlands product in Oost-Europa (3,3%) was groter dan de groei van het BBP in de wereld (3,0%), was groter dan de groei van het BBP in Europa (2,5%).

Vergelijking met subregio's. Het BBP van Oost-Europa was groter dan in Noord-Europa (US$1,0 biljoen) en in Zuid-Europa (US$1,0 biljoen); maar minder dan in West-Europa (US$2,3 biljoen). Het bruto binnenlands product per hoofd in Oost-Europa was in Oost-Europa minder dan in West-Europa (US$13,1 duizend), in Noord-Europa (US$12,4 duizend) en in Zuid-Europa (US$7,2 duizend). De groei van het bruto binnenlands product in Oost-Europa was groter dan in Noord-Europa (2,6%), in Zuid-Europa (2,4%) en in West-Europa (2,1%).

Leiders. Het bruto binnenlands product van Oost-Europa in de jaren 1980 bestond uit: Sovjet-Unie (80,3%), Polen (6,4%), Tsjecho-Slowakije (4,8%), Roemenië (4,6%), Hongarije (2,5%), en andere (1,5%). Het bruto binnenlands product per hoofd in Oost-Europa onder de leiders: Tsjecho-Slowakije ($3.391,8), Sovjet-Unie ($3.222,9), Hongarije ($2.564,5), Roemenië ($2.209,9) en Polen ($1.932,9). De groei van het BBP onder de leiders: Sovjet-Unie (4,3%), Tsjecho-Slowakije (1,9%), Roemenië (1,7%), Hongarije (1,5%) en Polen (0,32%).

de jaren 1990

Het bruto binnenlands product van Oost-Europa bedroeg in de jaren 1990 US$784,2 miljard per jaar. Het aandeel in de wereld was 2,7%, en 8,0% in Europa.

Het BBP van Oost-Europa bestond uit: huishoudelijke uitgaven (52,2%), kapitaalvorming (27,0%), overheidsuitgaven (18,5%) en netto-uitvoer (2,0%).

Het bruto binnenlands product per hoofd in Oost-Europa was $2.539,1 in de jaren 1990s, en was vergelijkbaar met Colombia (US$2,5 duizend), Servië (US$2,6 duizend), Jamaica (US$2,6 duizend). Het BBP per hoofd in Oost-Europa was 49,4% lager dan het bruto binnenlands product per hoofd van de bevolking in de wereld ($5.020,1), en was in 5,3 keer lager dan het bruto binnenlands product per hoofd van de bevolking in Europa ($5.020,1).

De groei van het BBP in Oost-Europa bedroeg -3.8% in de jaren 1990. De groei van het bruto binnenlands product in Oost-Europa (-3,8%) was minder dan de groei van het BBP in de wereld (2,8%), was minder dan de groei van het bruto binnenlands product in Europa (1,4%).

Vergelijking met subregio's. Het BBP van Oost-Europa was minder dan in West-Europa (US$4,8 biljoen), in Zuid-Europa (US$2,1 biljoen) en in Noord-Europa (US$2,1 biljoen). Het bruto binnenlands product per hoofd in Oost-Europa was in Oost-Europa minder dan in West-Europa (US$26,4 duizend), in Noord-Europa (US$22,8 duizend) en in Zuid-Europa (US$14,7 duizend). De groei van het bruto binnenlands product in Oost-Europa was minder dan in Noord-Europa (2,6%), in West-Europa (2,2%) en in Zuid-Europa (1,7%).

Leiders. Het bruto binnenlands product van Oost-Europa in de jaren 1990 bestond uit: Rusland (53,3%), Polen (16,1%), Oekraïne (7,8%), Tsjechië (6,6%), Hongarije (5,5%), en andere (10,7%). Het BBP per hoofd in Oost-Europa onder de leiders: Tsjechië ($4.987,7), Hongarije ($4.181,9), Polen ($3.284,6), Rusland ($2.825,0) en Oekraïne ($1.211,6). De groei van het BBP onder de leiders: Polen (2,0%), Tsjechië (0,12%), Hongarije (-0,55%), Rusland (-5,3%) en Oekraïne (-9,5%).

de jaren 2000

Het BBP van Oost-Europa bedroeg in de jaren 2000 US$1,7 biljoen per jaar. Het aandeel in de wereld was 3,5%, en 10,7% in Europa.

Het BBP van Oost-Europa bestond uit: huishoudelijke uitgaven (54,6%), kapitaalvorming (24,4%), overheidsuitgaven (18,0%) en netto-uitvoer (3,3%).

Het bruto binnenlands product per hoofd in Oost-Europa was $5.528,9 in de jaren 2000s, en was vergelijkbaar met Rusland (US$5,5 duizend), Oost-Azië (US$5,6 duizend), Dominica (US$5,5 duizend). Het BBP per hoofd in Oost-Europa was 23,0% lager dan het bruto binnenlands product per hoofd van de bevolking in de wereld ($7.176,3), en was in 3,8 keer lager dan het bruto binnenlands product per hoofd van de bevolking in Europa ($7.176,3).

De groei van het bruto binnenlands product in Oost-Europa bedroeg 4.7% in de jaren 2000, en was vergelijkbaar met Syrië (4,7%), Belize (4,7%), Kirgizië (4,7%). De groei van het BBP in Oost-Europa (4,7%) was groter dan de groei van het BBP in de wereld (3,0%), was groter dan de groei van het bruto binnenlands product in Europa (1,8%).

Vergelijking met subregio's. Het bruto binnenlands product van Oost-Europa was minder dan in West-Europa (US$6,7 biljoen), in Noord-Europa (US$3,7 biljoen) en in Zuid-Europa (US$3,4 biljoen). Het bruto binnenlands product per hoofd in Oost-Europa was in Oost-Europa minder dan in Noord-Europa (US$38,5 duizend), in West-Europa (US$35,6 duizend) en in Zuid-Europa (US$23,0 duizend). De groei van het bruto binnenlands product in Oost-Europa was groter dan in Noord-Europa (1,9%), in Zuid-Europa (1,5%) en in West-Europa (1,3%).

Leiders. Het bruto binnenlands product van Oost-Europa in de jaren 2000 bestond uit: Rusland (48,1%), Polen (18,7%), Tsjechië (8,2%), Roemenië (6,3%), Hongarije (6,1%), en andere (12,5%). Het BBP per hoofd in Oost-Europa onder de leiders: Tsjechië ($13.184,6), Hongarije ($10.056,7), Polen ($8.038,0), Rusland ($5.505,6) en Roemenië ($4.868,2). De groei van het bruto binnenlands product onder de leiders: Rusland (5,4%), Roemenië (4,9%), Polen (4,0%), Tsjechië (3,3%) en Hongarije (2,4%).

de jaren 2010

Het BBP van Oost-Europa bedroeg in de jaren 2010 US$3,2 biljoen per jaar, en was vergelijkbaar met Zuid-Azië (US$3,3 biljoen). Het aandeel in de wereld was 4,1%, en 15,3% in Europa.

Het BBP van Oost-Europa bestond uit: huishoudelijke uitgaven (54,5%), kapitaalvorming (23,1%), overheidsuitgaven (18,0%) en netto-uitvoer (4,3%).

Het BBP per hoofd in Oost-Europa was $10.925,7 in de jaren 2010s, en was vergelijkbaar met Turkije (US$10,9 duizend), Nauru (US$11,0 duizend), Oost-Azië (US$11,0 duizend). Het BBP per hoofd in Oost-Europa was 3,0% hoger dan het bruto binnenlands product per hoofd van de bevolking in de wereld ($10.603,1), en was in 2,6 keer lager dan het bruto binnenlands product per hoofd van de bevolking in Europa ($10.603,1).

De groei van het bruto binnenlands product in Oost-Europa bedroeg 2.3% in de jaren 2010, en was vergelijkbaar met Australië (2,4%). De groei van het bruto binnenlands product in Oost-Europa (2,3%) was minder dan de groei van het bruto binnenlands product in de wereld (3,1%), was groter dan de groei van het bruto binnenlands product in Europa (1,6%).

Vergelijking met subregio's. Het bruto binnenlands product van Oost-Europa was 2,8 keer minder dan in West-Europa (US$8,9 biljoen), 32,4% minder dan in Noord-Europa (US$4,8 biljoen) en 21,3% minder dan in Zuid-Europa (US$4,1 biljoen). Het BBP per hoofd in Oost-Europa was in Oost-Europa4,2 keer minder dan in Noord-Europa (US$46,3 duizend), 4,2 keer minder dan in West-Europa (US$46,0 duizend) en 2,4 keer minder dan in Zuid-Europa (US$26,7 duizend). De groei van het bruto binnenlands product in Oost-Europa was groter dan in Noord-Europa (2,1%), in West-Europa (1,7%) en in Zuid-Europa (0,48%).

Leiders. Het bruto binnenlands product van Oost-Europa in de jaren 2010 bestond uit: Rusland (55,2%), Polen (16,3%), Tsjechië (6,8%), Roemenië (6,2%), Hongarije (4,3%), en andere (11,3%). Het bruto binnenlands product per hoofd in Oost-Europa onder de leiders: Tsjechië ($20.466,5), Hongarije ($14.275,7), Polen ($13.732,3), Rusland ($12.260,3) en Roemenië ($9.933,4). De groei van het bruto binnenlands product onder de leiders: Polen (3,6%), Roemenië (3,1%), Hongarije (2,8%), Tsjechië (2,4%) en Rusland (1,9%).

Hoofdstuk II. Toegevoegde waarde

De toegevoegde waarde van Oost-Europa steeg van US$771,7 miljard per jaar in de jaren 1970 tot US$2,8 biljoen per jaar in de jaren 2010, dat wil zeggen met US$2,1 biljoen of 3,7 keer. De verandering vond plaats op US$1,3 biljoen als gevolg van een 1,8-voudige stijging van de prijzen, en ook op US$913,1 miljard als gevolg van een 2,4-voudige toename van de productiviteit , evenals op -US$106,9 miljard als gevolg van de afname van de bevolking. De gemiddelde jaarlijkse groei van de toegevoegde waarde is 2,2%. De minimumwaarde van de toegevoegde waarde bedroeg US$504,6 miljard in 1970. De maximumwaarde van de toegevoegde waarde bedroeg US$3,3 biljoen in 2013.

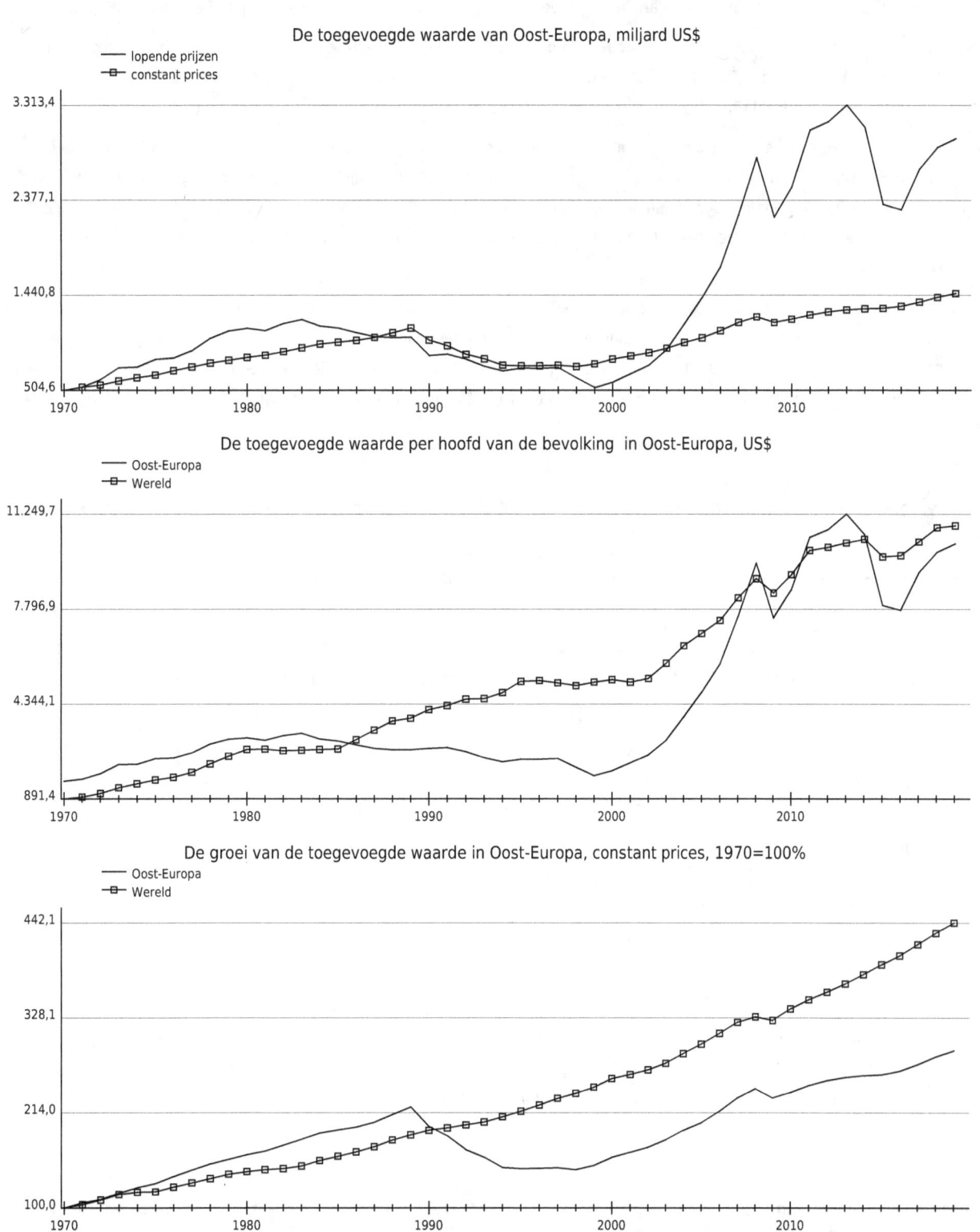

De toegevoegde waarde van Oost-Europa, miljard US$

De toegevoegde waarde per hoofd van de bevolking in Oost-Europa, US$

De groei van de toegevoegde waarde in Oost-Europa, constant prices, 1970=100%

de jaren 1970

De toegevoegde waarde van Oost-Europa bedroeg in de jaren 1970 US$771,7 miljard per jaar, en was vergelijkbaar met Oost-Azië (US$760,5 miljard). Het aandeel in de wereld was 12,2%, en 30,3% in Europa.

De totale toegevoegde waarde van Oost-Europa bestond uit: industrie (38,6%), diensten (25,4%), landbouw (13,6%), handel (9,4%), bouw (8,3%) en vervoer (4,7%).

De toegevoegde waarde per hoofd in Oost-Europa was $2.259,0 in de jaren 1970s, en was vergelijkbaar met Singapore (US$2,3 duizend). De toegevoegde waarde per hoofd in Oost-Europa was 44,4% hoger dan de toegevoegde waarde per hoofd van de bevolking in de wereld ($1.564,4), en was 35,6% lager dan de toegevoegde waarde per hoofd van de bevolking in Europa ($1.564,4).

De groei van de toegevoegde waarde in Oost-Europa bedroeg 5.2% in de jaren 1970, en was vergelijkbaar met Trinidad en Tobago (5,2%), Bolivia (5,3%), Oost-Azië (5,3%). De groei van de toegevoegde waarde in Oost-Europa (5,2%) was groter dan de groei van de toegevoegde waarde in de wereld (3,9%), was groter dan de groei van de toegevoegde waarde in Europa (3,4%).

Vergelijking met subregio's. De toegevoegde waarde van Oost-Europa was groter dan in Noord-Europa (US$404,4 miljard) en in Zuid-Europa (US$382,9 miljard); maar minder dan in West-Europa (US$984,5 miljard). De toegevoegde waarde per hoofd in Oost-Europa was in Oost-Europa minder dan in West-Europa (US$5,8 duizend), in Noord-Europa (US$5,0 duizend) en in Zuid-Europa (US$2,9 duizend). De groei van de toegevoegde waarde in Oost-Europa was groter dan in Zuid-Europa (3,9%), in West-Europa (3,1%) en in Noord-Europa (2,4%).

Leiders. De toegevoegde waarde van Oost-Europa in de jaren 1970 bestond uit: Sovjet-Unie (84,1%), Polen (6,3%), Tsjecho-Slowakije (3,6%), Roemenië (2,9%), Hongarije (1,6%), en andere (1,5%). De toegevoegde waarde per hoofd in Oost-Europa onder de leiders: Sovjet-Unie ($2.574,9), Tsjecho-Slowakije ($1.905,1), Polen ($1.436,5), Hongarije ($1.158,2) en Roemenië ($1.023,3). De groei van de toegevoegde waarde onder de leiders: Roemenië (9,8%), Polen (6,0%), Hongarije (5,6%), Sovjet-Unie (4,8%) en Tsjecho-Slowakije (4,7%).

de jaren 1980

De toegevoegde waarde van Oost-Europa bedroeg in de jaren 1980 US$1,1 biljoen per jaar. Het aandeel in de wereld was 7,5%, en 21,5% in Europa.

De totale toegevoegde waarde van Oost-Europa bestond uit: industrie (35,4%), diensten (25,6%), landbouw (13,9%), handel (11,9%), constructie (8,3%) en vervoer (4,9%).

De toegevoegde waarde per hoofd in Oost-Europa was $2.960,9 in de jaren 1980s, en was vergelijkbaar met de Wereld (US$3,0 duizend). De toegevoegde waarde per hoofd in Oost-Europa was 2,3% lager dan de toegevoegde waarde per hoofd van de bevolking in de wereld ($3.029,9), en was in 2,2 keer lager dan de toegevoegde waarde per hoofd van de bevolking in Europa ($3.029,9).

De groei van de toegevoegde waarde in Oost-Europa bedroeg 3.4% in de jaren 1980, en was vergelijkbaar met Burundi (3,4%), Oceanië (3,4%), Paraguay (3,4%). De groei van de toegevoegde waarde in Oost-Europa (3,4%) was groter dan de groei van de toegevoegde waarde in de wereld (2,9%), was groter dan de groei van de toegevoegde waarde in Europa (2,6%).

Vergelijking met subregio's. De toegevoegde waarde van Oost-Europa was groter dan in Noord-Europa (US$979,9 miljard) en in Zuid-Europa (US$952,0 miljard); maar minder dan in West-Europa (US$2,1 biljoen). De toegevoegde waarde per hoofd in Oost-Europa was in Oost-Europa minder dan in West-Europa (US$12,0 duizend), in Noord-Europa (US$11,8 duizend) en in Zuid-Europa (US$6,7 duizend). De groei van de toegevoegde waarde in Oost-Europa was groter dan in Noord-Europa (2,8%), in Zuid-Europa (2,6%) en in West-Europa (2,1%).

Leiders. De toegevoegde waarde van Oost-Europa in de jaren 1980 bestond uit: Sovjet-Unie (80,9%), Polen (6,4%), Tsjecho-Slowakije (4,8%), Roemenië (4,2%), Hongarije (2,2%), en andere (1,5%). De toegevoegde waarde per hoofd in Oost-Europa onder de leiders: Tsjecho-Slowakije ($3.391,8), Sovjet-Unie ($3.222,9), Hongarije ($2.254,1), Roemenië ($1.989,3) en Polen ($1.916,2). De groei van de toegevoegde waarde onder de leiders: Sovjet-Unie (4,3%), Hongarije (2,6%), Tsjecho-Slowakije (1,9%), Roemenië (0,93%) en Polen (0,55%).

de jaren 1990

De toegevoegde waarde van Oost-Europa bedroeg in de jaren 1990 US$726,1 miljard per jaar, en was vergelijkbaar met China

(US$716,7 miljard). Het aandeel in de wereld was 2,7%, en 8,1% in Europa.

De totale toegevoegde waarde van Oost-Europa bestond uit: industrie (33,4%), diensten (23,2%), handel (16,3%), landbouw (9,6%), vervoer (9,4%) en constructie (8,1%).

De toegevoegde waarde per hoofd in Oost-Europa was $2.351,0 in de jaren 1990s, en was vergelijkbaar met Fiji (US$2,3 duizend), Servië (US$2,4 duizend). De toegevoegde waarde per hoofd in Oost-Europa was in 2,0 keer lager dan de toegevoegde waarde per hoofd van de bevolking in de wereld ($4.799,9), en was in 5,2 keer lager dan de toegevoegde waarde per hoofd van de bevolking in Europa ($4.799,9).

De groei van de toegevoegde waarde in Oost-Europa bedroeg -3.7% in de jaren 1990, en was vergelijkbaar met Wit-Rusland (-3,7%). De groei van de toegevoegde waarde in Oost-Europa (-3,7%) was minder dan de groei van de toegevoegde waarde in de wereld (2,7%), was minder dan de groei van de toegevoegde waarde in Europa (1,3%).

Vergelijking met subregio's. De toegevoegde waarde van Oost-Europa was minder dan in West-Europa (US$4,3 biljoen), in Zuid-Europa (US$1,9 biljoen) en in Noord-Europa (US$1,9 biljoen). De toegevoegde waarde per hoofd in Oost-Europa was in Oost-Europa minder dan in West-Europa (US$24,0 duizend), in Noord-Europa (US$20,8 duizend) en in Zuid-Europa (US$13,4 duizend). De groei van de toegevoegde waarde in Oost-Europa was minder dan in Noord-Europa (2,6%), in West-Europa (2,1%) en in Zuid-Europa (1,4%).

Leiders. De toegevoegde waarde van Oost-Europa in de jaren 1990 bestond uit: Rusland (54,0%), Polen (15,6%), Oekraïne (8,2%), Tsjechië (6,4%), Hongarije (5,1%), en andere (10,6%). De toegevoegde waarde per hoofd in Oost-Europa onder de leiders: Tsjechië ($4.487,0), Hongarije ($3.613,4), Polen ($2.954,5), Rusland ($2.653,1) en Oekraïne ($1.177,9). De groei van de toegevoegde waarde onder de leiders: Polen (2,2%), Hongarije (-0,18%), Tsjechië (-0,52%), Rusland (-4,8%) en Oekraïne (-11,3%).

de jaren 2000

De toegevoegde waarde van Oost-Europa bedroeg in de jaren 2000 US$1,4 biljoen per jaar, en was vergelijkbaar met Zuidwest-Azië (US$1,4 biljoen). Het aandeel in de wereld was 3,3%, en 10,4% in Europa.

De totale toegevoegde waarde van Oost-Europa bestond uit: diensten (31,4%), industrie (28,5%), handel (18,3%), vervoer (10,3%), constructie (6,6%) en landbouw (4,9%).

De toegevoegde waarde per hoofd in Oost-Europa was $4.829,4 in de jaren 2000s, en was vergelijkbaar met Mauritius (US$4,9 duizend), Rusland (US$4,8 duizend), Panama (US$4,9 duizend). De toegevoegde waarde per hoofd in Oost-Europa was 29,2% lager dan de toegevoegde waarde per hoofd van de bevolking in de wereld ($6.818,0), en was in 3,9 keer lager dan de toegevoegde waarde per hoofd van de bevolking in Europa ($6.818,0).

De groei van de toegevoegde waarde in Oost-Europa bedroeg 4.4% in de jaren 2000, en was vergelijkbaar met Anguilla (4,4%), Iran (4,4%). De groei van de toegevoegde waarde in Oost-Europa (4,4%) was groter dan de groei van de toegevoegde waarde in de wereld (2,9%), was groter dan de groei van de toegevoegde waarde in Europa (1,7%).

Vergelijking met subregio's. De toegevoegde waarde van Oost-Europa was minder dan in West-Europa (US$6,0 biljoen), in Noord-Europa (US$3,3 biljoen) en in Zuid-Europa (US$3,1 biljoen). De toegevoegde waarde per hoofd in Oost-Europa was in Oost-Europa minder dan in Noord-Europa (US$34,4 duizend), in West-Europa (US$32,1 duizend) en in Zuid-Europa (US$20,7 duizend). De groei van de toegevoegde waarde in Oost-Europa was groter dan in Noord-Europa (1,7%), in Zuid-Europa (1,5%) en in West-Europa (1,2%).

Leiders. De toegevoegde waarde van Oost-Europa in de jaren 2000 bestond uit: Rusland (47,6%), Polen (18,8%), Tsjechië (8,6%), Roemenië (6,5%), Hongarije (6,0%), en andere (12,5%). De toegevoegde waarde per hoofd in Oost-Europa onder de leiders: Tsjechië ($11.968,8), Hongarije ($8.631,3), Polen ($7.072,1), Rusland ($4.753,5) en Roemenië ($4.350,4). De groei van de toegevoegde waarde onder de leiders: Rusland (5,0%), Roemenië (4,7%), Polen (3,6%), Tsjechië (2,7%) en Hongarije (2,2%).

de jaren 2010

De toegevoegde waarde van Oost-Europa bedroeg in de jaren 2010 US$2,8 biljoen per jaar. Het aandeel in de wereld was 3,8%, en 15,1% in Europa.

De totale toegevoegde waarde van Oost-Europa bestond uit: diensten (36,5%), industrie (26,3%), handel (16,7%), transport (9,3%), constructie (7,0%) en landbouw (4,1%).

De toegevoegde waarde per hoofd in Oost-Europa was $9.621,0 in de jaren 2010s, en was vergelijkbaar met Turkije (US$9,7 duizend), Venezuela (US$9,8 duizend). De toegevoegde waarde per hoofd in Oost-Europa was 4,7% lager dan de toegevoegde waarde per hoofd van de bevolking in de wereld ($10.094,6), en was in 2,6 keer lager dan de toegevoegde waarde per hoofd van de bevolking in Europa ($10.094,6).

De groei van de toegevoegde waarde in Oost-Europa bedroeg 2.2% in de jaren 2010, en was vergelijkbaar met de Verenigde Staten (2,2%). De groei van de toegevoegde waarde in Oost-Europa (2,2%) was minder dan de groei van de toegevoegde waarde in de wereld (3,1%), was groter dan de groei van de toegevoegde waarde in Europa (1,6%).

Vergelijking met subregio's. De toegevoegde waarde van Oost-Europa was 2,8 keer minder dan in West-Europa (US$8,1 biljoen), 33,1% minder dan in Noord-Europa (US$4,2 biljoen) en 22,8% minder dan in Zuid-Europa (US$3,7 biljoen). De toegevoegde waarde per hoofd in Oost-Europa was in Oost-Europa4,3 keer minder dan in West-Europa (US$41,5 duizend), 4,3 keer minder dan in Noord-Europa (US$41,2 duizend) en 2,5 keer minder dan in Zuid-Europa (US$24,0 duizend). De groei van de toegevoegde waarde in Oost-Europa was groter dan in Noord-Europa (2,1%), in West-Europa (1,7%) en in Zuid-Europa (0,50%).

Leiders. De toegevoegde waarde van Oost-Europa in de jaren 2010 bestond uit: Rusland (55,2%), Polen (16,3%), Tsjechië (6,9%), Roemenië (6,2%), Oekraïne (4,2%), en andere (11,2%). De toegevoegde waarde per hoofd in Oost-Europa onder de leiders: Tsjechië ($18.442,5), Polen ($12.110,4), Rusland ($10.792,3), Roemenië ($8.858,3) en Oekraïne ($2.634,2). De groei van de toegevoegde waarde onder de leiders: Polen (3,6%), Roemenië (3,0%), Tsjechië (2,4%), Rusland (1,7%) en Oekraïne (-0,011%).

Hoofdstuk III. Bruto nationaal inkomen

Het BNI van Oost-Europa steeg van US$772,0 miljard per jaar in de jaren 1970 tot US$3,1 biljoen per jaar in de jaren 2010, dat wil zeggen met US$2,3 biljoen of 4,0 keer. De verandering vond plaats op US$1,5 biljoen als gevolg van een 2,0-voudige stijging van de prijzen, en ook op US$922,3 miljard als gevolg van een 2,4-voudige toename van de productiviteit , evenals op -US$106,9 miljard als gevolg van de afname van de bevolking. De gemiddelde jaarlijkse groei van het bruto nationaal inkomen is 2,2%. De minimumwaarde van het bruto nationaal inkomen bedroeg US$504,9 miljard in 1970. De maximumwaarde van het BNI bedroeg US$3,7 biljoen in 2013.

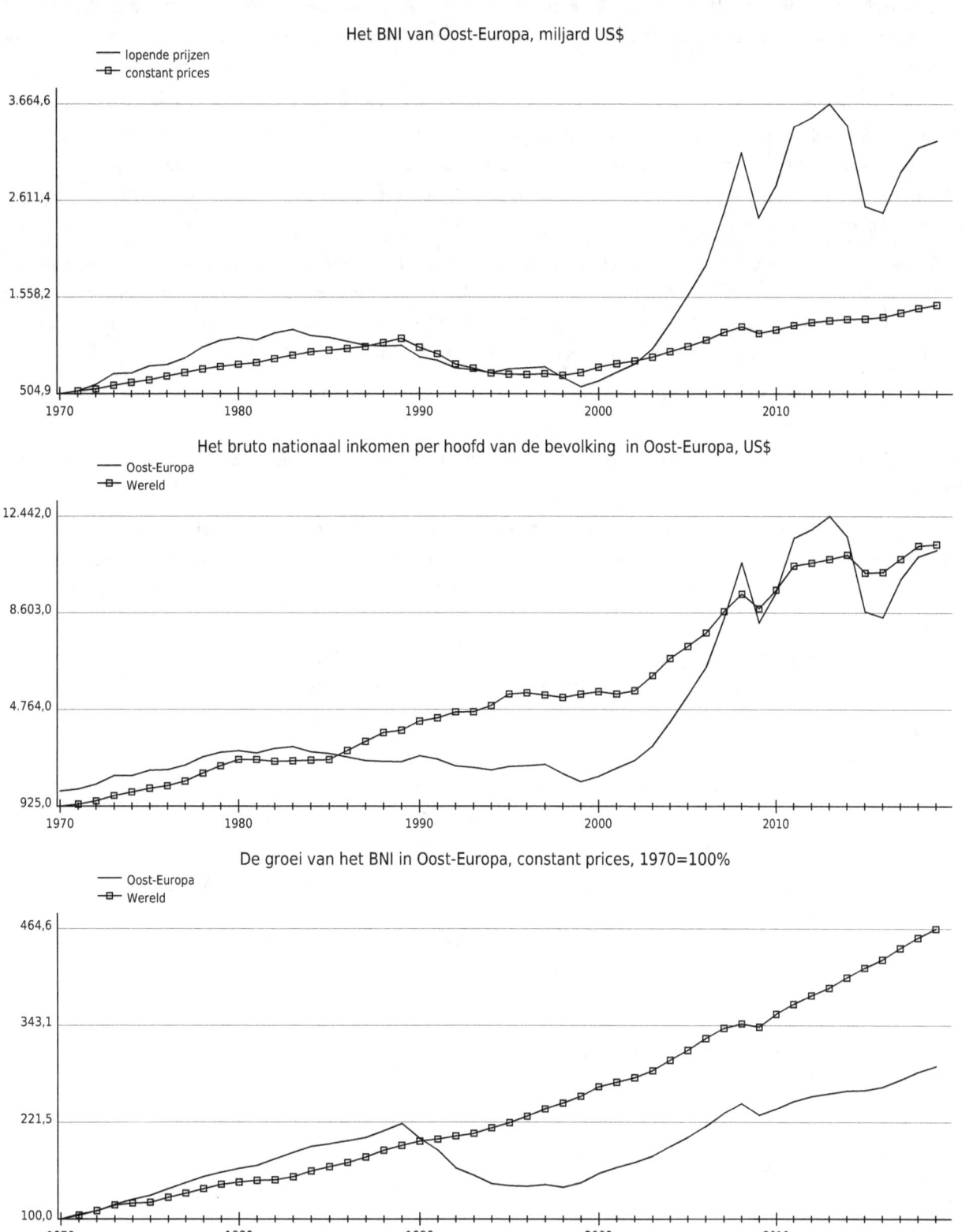

Het BNI van Oost-Europa, miljard US$

Het bruto nationaal inkomen per hoofd van de bevolking in Oost-Europa, US$

De groei van het BNI in Oost-Europa, constant prices, 1970=100%

de jaren 1970

Het BNI van Oost-Europa bedroeg in de jaren 1970 US$772,0 miljard per jaar, en was vergelijkbaar met Oost-Azië (US$790,1 miljard). Het aandeel in de wereld was 11,8%, en 28,5% in Europa.

Het BNI per hoofd in Oost-Europa was $2.259,8 in de jaren 1970s. Het bruto nationaal inkomen per hoofd in Oost-Europa was 39,1% hoger dan het bruto nationaal inkomen per hoofd van de bevolking in de wereld ($1.624,3), en was 39,4% lager dan het bruto nationaal inkomen per hoofd van de bevolking in Europa ($1.624,3).

De groei van het BNI in Oost-Europa bedroeg 5.3% in de jaren 1970, en was vergelijkbaar met Kenia (5,2%), Oost-Azië (5,2%), Marokko (5,3%). De groei van het BNI in Oost-Europa (5,3%) was groter dan de groei van het BNI in de wereld (4,1%), was groter dan de groei van het BNI in Europa (3,6%).

Vergelijking met subregio's. Het bruto nationaal inkomen van Oost-Europa was groter dan in Noord-Europa (US$434,8 miljard) en in Zuid-Europa (US$409,4 miljard); maar minder dan in West-Europa (US$1,1 biljoen). Het bruto nationaal inkomen per hoofd in Oost-Europa was in Oost-Europa minder dan in West-Europa (US$6,4 duizend), in Noord-Europa (US$5,3 duizend) en in Zuid-Europa (US$3,1 duizend). De groei van het bruto nationaal inkomen in Oost-Europa was groter dan in Zuid-Europa (4,1%), in West-Europa (3,1%) en in Noord-Europa (2,6%).

Leiders. Het BNI van Oost-Europa in de jaren 1970 bestond uit: Sovjet-Unie (84,1%), Polen (6,1%), Tsjecho-Slowakije (3,6%), Roemenië (3,0%), Hongarije (1,6%), en andere (1,5%). Het bruto nationaal inkomen per hoofd in Oost-Europa onder de leiders: Sovjet-Unie ($2.574,9), Tsjecho-Slowakije ($1.905,1), Polen ($1.396,6), Hongarije ($1.193,5) en Roemenië ($1.076,4). De groei van het bruto nationaal inkomen onder de leiders: Roemenië (10,0%), Polen (5,9%), Hongarije (5,2%), Sovjet-Unie (4,8%) en Tsjecho-Slowakije (4,7%).

de jaren 1980

Het bruto nationaal inkomen van Oost-Europa bedroeg in de jaren 1980 US$1,1 biljoen per jaar. Het aandeel in de wereld was 7,3%, en 20,2% in Europa.

Het bruto nationaal inkomen per hoofd in Oost-Europa was $2.975,9 in de jaren 1980s, en was vergelijkbaar met Zuid-Korea (US$3,0 duizend). Het bruto nationaal inkomen per hoofd in Oost-Europa was 4,5% lager dan het bruto nationaal inkomen per hoofd van de bevolking in de wereld ($3.117,1), en was in 2,4 keer lager dan het bruto nationaal inkomen per hoofd van de bevolking in Europa ($3.117,1).

De groei van het bruto nationaal inkomen in Oost-Europa bedroeg 3.3% in de jaren 1980, en was vergelijkbaar met de Comoren (3,3%), Tsjaad (3,3%), Zuid-Azië (3,3%). De groei van het bruto nationaal inkomen in Oost-Europa (3,3%) was groter dan de groei van het bruto nationaal inkomen in de wereld (3,0%), was groter dan de groei van het BNI in Europa (2,4%).

Vergelijking met subregio's. Het bruto nationaal inkomen van Oost-Europa was groter dan in Noord-Europa (US$1,0 biljoen) en in Zuid-Europa (US$1,0 biljoen); maar minder dan in West-Europa (US$2,3 biljoen). Het BNI per hoofd in Oost-Europa was in Oost-Europa minder dan in West-Europa (US$13,2 duizend), in Noord-Europa (US$12,7 duizend) en in Zuid-Europa (US$7,2 duizend). De groei van het BNI in Oost-Europa was groter dan in Zuid-Europa (2,4%), in Noord-Europa (2,3%) en in West-Europa (2,2%).

Leiders. Het BNI van Oost-Europa in de jaren 1980 bestond uit: Sovjet-Unie (80,5%), Polen (6,2%), Tsjecho-Slowakije (4,8%), Roemenië (4,6%), Hongarije (2,4%), en andere (1,5%). Het BNI per hoofd in Oost-Europa onder de leiders: Tsjecho-Slowakije ($3.391,8), Sovjet-Unie ($3.222,9), Hongarije ($2.464,2), Roemenië ($2.214,0) en Polen ($1.863,9). De groei van het bruto nationaal inkomen onder de leiders: Sovjet-Unie (4,3%), Tsjecho-Slowakije (1,9%), Roemenië (1,7%), Hongarije (1,2%) en Polen (0,32%).

de jaren 1990

Het bruto nationaal inkomen van Oost-Europa bedroeg in de jaren 1990 US$767,1 miljard per jaar. Het aandeel in de wereld was 2,7%, en 7,9% in Europa.

Het bruto nationaal inkomen per hoofd in Oost-Europa was $2.483,7 in de jaren 1990s, en was vergelijkbaar met Colombia (US$2,5 duizend), Belize (US$2,5 duizend), Litouwen (US$2,4 duizend). Het bruto nationaal inkomen per hoofd in Oost-Europa was in 2,0 keer lager dan het bruto nationaal inkomen per hoofd van de bevolking in de wereld ($4.991,4), en was in 5,4 keer lager dan het bruto nationaal inkomen per hoofd van de bevolking in Europa ($4.991,4).

De groei van het bruto nationaal inkomen in Oost-Europa bedroeg -4% in de jaren 1990. De groei van het bruto nationaal inkomen in Oost-Europa (-4,0%) was minder dan de groei van het bruto nationaal inkomen in de wereld (2,8%), was minder dan de groei van het bruto nationaal inkomen in Europa (1,3%).

Vergelijking met subregio's. Het bruto nationaal inkomen van Oost-Europa was minder dan in West-Europa (US$4,8 biljoen), in Zuid-Europa (US$2,1 biljoen) en in Noord-Europa (US$2,1 biljoen). Het bruto nationaal inkomen per hoofd in Oost-Europa was in Oost-Europa minder dan in West-Europa (US$26,5 duizend), in Noord-Europa (US$22,6 duizend) en in Zuid-Europa (US$14,6 duizend). De groei van het BNI in Oost-Europa was minder dan in Noord-Europa (2,5%), in West-Europa (2,1%) en in Zuid-Europa (1,7%).

Leiders. Het bruto nationaal inkomen van Oost-Europa in de jaren 1990 bestond uit: Rusland (53,6%), Polen (15,9%), Oekraïne (7,7%), Tsjechië (6,7%), Hongarije (5,4%), en andere (10,8%). Het BNI per hoofd in Oost-Europa onder de leiders: Tsjechië ($4.937,7), Hongarije ($3.977,7), Polen ($3.182,8), Rusland ($2.779,6) en Oekraïne ($1.165,8). De groei van het BNI onder de leiders: Polen (2,2%), Tsjechië (-0,023%), Hongarije (-0,73%), Rusland (-5,7%) en Oekraïne (-10,0%).

de jaren 2000

Het BNI van Oost-Europa bedroeg in de jaren 2000 US$1,6 biljoen per jaar. Het aandeel in de wereld was 3,4%, en 10,4% in Europa.

Het bruto nationaal inkomen per hoofd in Oost-Europa was $5.358,0 in de jaren 2000s, en was vergelijkbaar met Rusland (US$5,3 duizend), Gabon (US$5,3 duizend), Maleisië (US$5,5 duizend). Het bruto nationaal inkomen per hoofd in Oost-Europa was 25,2% lager dan het bruto nationaal inkomen per hoofd van de bevolking in de wereld ($7.165,2), en was in 3,9 keer lager dan het bruto nationaal inkomen per hoofd van de bevolking in Europa ($7.165,2).

De groei van het BNI in Oost-Europa bedroeg 4.7% in de jaren 2000, en was vergelijkbaar met de Dominicaanse Republiek (4,7%). De groei van het BNI in Oost-Europa (4,7%) was groter dan de groei van het bruto nationaal inkomen in de wereld (3,0%), was groter dan de groei van het BNI in Europa (1,8%).

Vergelijking met subregio's. Het bruto nationaal inkomen van Oost-Europa was minder dan in West-Europa (US$6,7 biljoen), in Noord-Europa (US$3,7 biljoen) en in Zuid-Europa (US$3,4 biljoen). Het BNI per hoofd in Oost-Europa was in Oost-Europa minder dan in Noord-Europa (US$38,4 duizend), in West-Europa (US$35,9 duizend) en in Zuid-Europa (US$22,8 duizend). De groei van het bruto nationaal inkomen in Oost-Europa was groter dan in Noord-Europa (1,9%), in Zuid-Europa (1,4%) en in West-Europa (1,3%).

Leiders. Het BNI van Oost-Europa in de jaren 2000 bestond uit: Rusland (48,2%), Polen (18,9%), Tsjechië (8,0%), Roemenië (6,4%), Hongarije (6,0%), en andere (12,5%). Het BNI per hoofd in Oost-Europa onder de leiders: Tsjechië ($12.484,8), Hongarije ($9.444,1), Polen ($7.874,6), Rusland ($5.348,3) en Roemenië ($4.750,9). De groei van het BNI onder de leiders: Rusland (5,5%), Roemenië (5,0%), Polen (3,8%), Tsjechië (2,8%) en Hongarije (2,7%).

de jaren 2010

Het BNI van Oost-Europa bedroeg in de jaren 2010 US$3,1 biljoen per jaar, en was vergelijkbaar met Zuidwest-Azië (US$3,1 biljoen). Het aandeel in de wereld was 4,0%, en 14,9% in Europa.

Het bruto nationaal inkomen per hoofd in Oost-Europa was $10.594,2 in de jaren 2010s, en was vergelijkbaar met de Wereld (US$10,6 duizend), Turkije (US$10,8 duizend), Brazilië (US$10,4 duizend). Het bruto nationaal inkomen per hoofd in Oost-Europa was 0,17% lager dan het bruto nationaal inkomen per hoofd van de bevolking in de wereld ($10.611,7), en was in 2,7 keer lager dan het bruto nationaal inkomen per hoofd van de bevolking in Europa ($10.611,7).

De groei van het bruto nationaal inkomen in Oost-Europa bedroeg 2.4% in de jaren 2010. De groei van het bruto nationaal inkomen in Oost-Europa (2,4%) was minder dan de groei van het bruto nationaal inkomen in de wereld (3,1%), was groter dan de groei van het bruto nationaal inkomen in Europa (1,6%).

Vergelijking met subregio's. Het bruto nationaal inkomen van Oost-Europa was 2,9 keer minder dan in West-Europa (US$9,1 biljoen), 33,6% minder dan in Noord-Europa (US$4,7 biljoen) en 23,4% minder dan in Zuid-Europa (US$4,1 biljoen). Het BNI per hoofd in Oost-Europa was in Oost-Europa 4,4 keer minder dan in West-Europa (US$46,7 duizend), 4,3 keer minder dan in Noord-Europa (US$45,6 duizend) en 2,5 keer minder dan in Zuid-Europa (US$26,6 duizend). De groei van het bruto nationaal inkomen in Oost-Europa was groter dan in Noord-Europa (2,0%), in West-Europa (1,7%) en in Zuid-Europa (0,61%).

Leiders. Het BNI van Oost-Europa in de jaren 2010 bestond uit: Rusland (55,2%), Polen (16,1%), Tsjechië (6,5%), Roemenië (6,3%), Oekraïne (4,5%), en andere (11,4%). Het bruto nationaal inkomen per hoofd in Oost-Europa onder de leiders: Tsjechië ($19.114,2),

Polen ($13.216,0), Rusland ($11.894,6), Roemenië ($9.775,2) en Oekraïne ($3.092,0). De groei van het BNI onder de leiders: Polen (3,5%), Roemenië (3,0%), Tsjechië (2,5%), Rusland (1,9%) en Oekraïne (0,84%).

Part II. Structuur

	de jaren 2010
landbouw	4,1%
industrie	26,3%
constructie	7,0%
handel	16,7%
vervoer	9,3%
diensten	36,5%

Hoofdstuk IV. Landbouw

Landbouw, jacht, bosbouw, vissen (ISIC A-B)

De landbouw van Oost-Europa steeg van US$104,6 miljard per jaar in de jaren 1970 tot US$116,4 miljard per jaar in de jaren 2010, dat wil zeggen met US$11,8 miljard of 11,3%. De verandering vond plaats op US$1,2 miljard als gevolg van een 1,0-voudige stijging van de prijzen, en ook op US$25,1 miljard als gevolg van een 1,3-voudige toename van de productiviteit , evenals op -US$14,5 miljard als gevolg van de afname van de bevolking. De gemiddelde jaarlijkse groei van de landbouw is 1,1%. De maximumwaarde van de landbouw bedroeg US$178,2 miljard in 1983. De minimumwaarde van de landbouw bedroeg US$35,0 miljard in 1999.

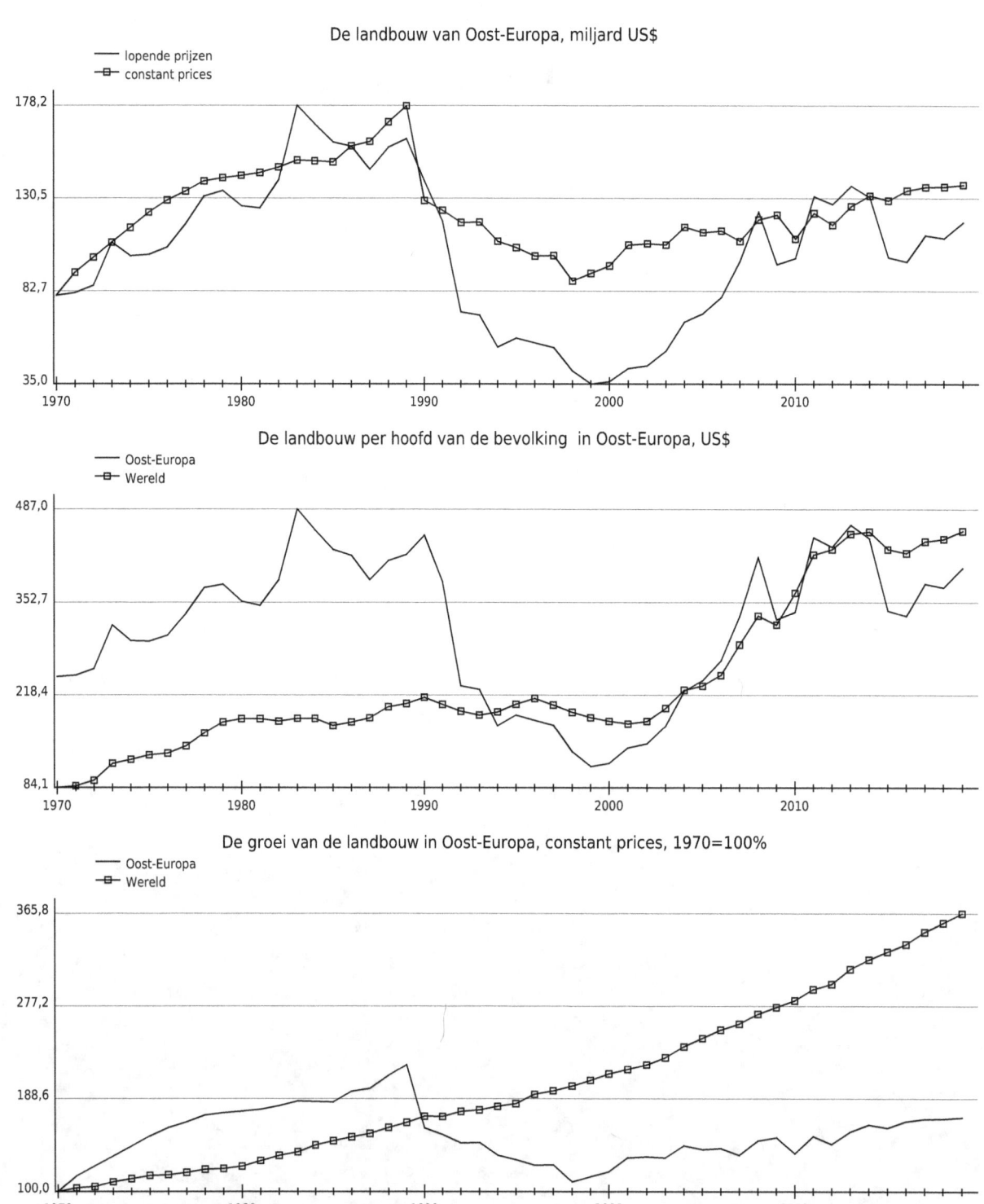

De landbouw van Oost-Europa, miljard US$

De landbouw per hoofd van de bevolking in Oost-Europa, US$

De groei van de landbouw in Oost-Europa, constant prices, 1970=100%

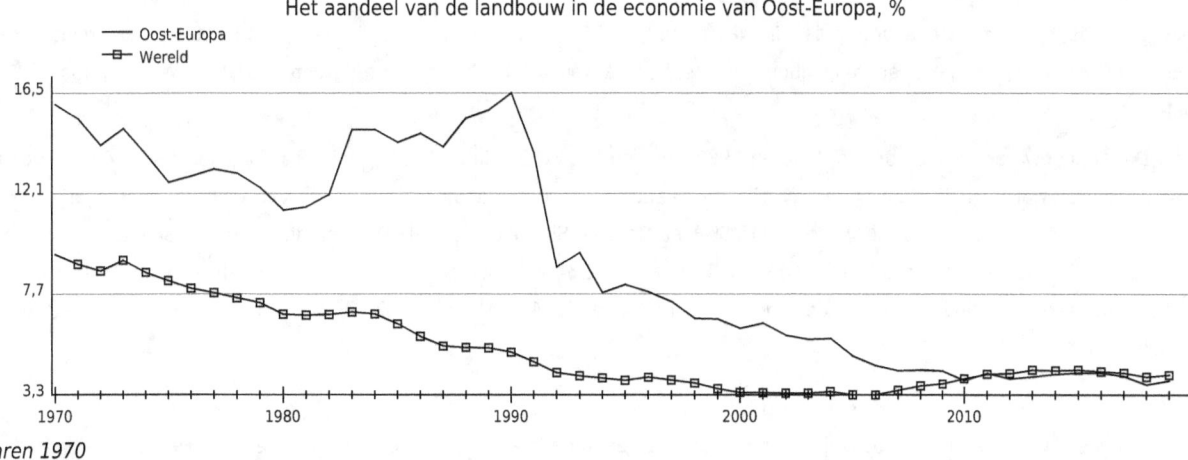

Het aandeel van de landbouw in de economie van Oost-Europa, %

— Oost-Europa
—□— Wereld

de jaren 1970

De sector van de landbouw in Oost-Europa bedroeg in de jaren 1970 US$104,6 miljard per jaar. Het aandeel in de wereld was 20,3%, en 53,8% in Europa.

Het aandeel van de landbouw in de economie van Oost-Europa was 13,6% in de jaren 1970, en was vergelijkbaar met de Sovjet-Unie (13,7%), Polen (13,7%).

De sector van de landbouw per hoofd in Oost-Europa was $306,3 in de jaren 1970s, en was vergelijkbaar met Canada (US$303,2), Frankrijk (US$310,2), Frans-Polynesië (US$302,1). De waarde van de landbouw per hoofd in Oost-Europa was in 2,4 keer hoger dan de landbouw per hoofd van de bevolking in de wereld ($127,6), en was 14,2% hoger dan de landbouw per hoofd van de bevolking in Europa ($127,6).

De groei van de landbouw in Oost-Europa bedroeg 6.4% in de jaren 1970, en was vergelijkbaar met Groenland (6,4%). De groei van de landbouw in Oost-Europa (6,4%) was groter dan de groei van de landbouw in de wereld (2,2%), was groter dan de groei van de landbouw in Europa (3,3%).

Vergelijking met subregio's. De sector van de landbouw in Oost-Europa was groter dan in West-Europa (US$37,7 miljard), in Zuid-Europa (US$35,6 miljard) en in Noord-Europa (US$16,6 miljard). De waarde van de landbouw per hoofd in Oost-Europa was in Oost-Europa groter dan in Zuid-Europa (US$268,5), in West-Europa (US$222,0) en in Noord-Europa (US$204,9). De groei van de landbouw in Oost-Europa was groter dan in West-Europa (2,2%), in Zuid-Europa (1,3%) en in Noord-Europa (0,98%).

Leiders. De waarde van de landbouw in Oost-Europa in de jaren 1970 bestond uit: Sovjet-Unie (84,8%), Polen (6,4%), Roemenië (3,1%), Tsjecho-Slowakije (2,1%), Hongarije (1,8%), en andere (1,8%). Het aandeel van de landbouw in economie van de leiders: Hongarije (15,8%), Roemenië (14,9%), Polen (13,7%), Sovjet-Unie (13,7%) en Tsjecho-Slowakije (7,7%). De sector van de landbouw per hoofd in Oost-Europa onder de leiders: Sovjet-Unie ($351,8), Polen ($196,5), Hongarije ($182,8), Roemenië ($152,4) en Tsjecho-Slowakije ($145,9). De groei van de landbouw onder de leiders: Sovjet-Unie (7,0%), Polen (6,0%), Roemenië (5,8%), Hongarije (3,0%) en Tsjecho-Slowakije (-0,058%).

de jaren 1980

De waarde van de landbouw in Oost-Europa bedroeg in de jaren 1980 US$151,9 miljard per jaar. Het aandeel in de wereld was 16,8%, en 51,2% in Europa.

Het aandeel van de landbouw in de economie van Oost-Europa was 13,9% in de jaren 1980.

De landbouw per hoofd in Oost-Europa was $410,3 in de jaren 1980s, en was vergelijkbaar met Oostenrijk (US$410,2), Japan (US$410,0), Zuid-Europa (US$417,5). De sector van de landbouw per hoofd in Oost-Europa was in 2,2 keer hoger dan de landbouw per hoofd van de bevolking in de wereld ($186,6), en was 6,2% hoger dan de landbouw per hoofd van de bevolking in Europa ($186,6).

De groei van de landbouw in Oost-Europa bedroeg 2.4% in de jaren 1980, en was vergelijkbaar met Papoea-Nieuw-Guinea (2,4%), Venezuela (2,4%). De groei van de landbouw in Oost-Europa (2,4%) was minder dan de groei van de landbouw in de wereld (3,1%), was groter dan de groei van de landbouw in Europa (2,1%).

Vergelijking met subregio's. De sector van de landbouw in Oost-Europa was groter dan in Zuid-Europa (US$59,0 miljard), in

West-Europa (US$57,0 miljard) en in Noord-Europa (US$28,7 miljard). De toegevoegde waarde van de landbouw per hoofd in Oost-Europa was in Oost-Europa groter dan in Noord-Europa (US$346,5) en in West-Europa (US$328,8); maar minder dan in Zuid-Europa (US$417,5). De groei van de landbouw in Oost-Europa was groter dan in Noord-Europa (2,3%), in West-Europa (1,9%) en in Zuid-Europa (1,7%).

Leiders. De landbouw van Oost-Europa in de jaren 1980 bestond uit: Sovjet-Unie (82,9%), Polen (6,3%), Roemenië (4,6%), Hongarije (2,5%), Tsjecho-Slowakije (2,2%), en andere (1,5%). Het aandeel van de landbouw in economie van de leiders: Hongarije (16,2%), Roemenië (15,2%), Sovjet-Unie (14,2%), Polen (13,5%) en Tsjecho-Slowakije (6,4%). De waarde van de landbouw per hoofd in Oost-Europa onder de leiders: Sovjet-Unie ($457,2), Hongarije ($364,9), Roemenië ($301,9), Polen ($259,1) en Tsjecho-Slowakije ($217,5). De groei van de landbouw onder de leiders: Tsjecho-Slowakije (4,9%), Sovjet-Unie (2,8%), Hongarije (2,7%), Polen (0,99%) en Roemenië (-0,49%).

de jaren 1990

De toegevoegde waarde van de landbouw in Oost-Europa bedroeg in de jaren 1990 US$69,9 miljard per jaar. Het aandeel in de wereld was 6,1%, en 25,2% in Europa.

Het aandeel van de landbouw in de economie van Oost-Europa was 9,6% in de jaren 1990.

De landbouw per hoofd in Oost-Europa was $226,3 in de jaren 1990s, en was vergelijkbaar met Colombia (US$226,4), Panama (US$224,3), Brazilië (US$228,7). De waarde van de landbouw per hoofd in Oost-Europa was 13,2% hoger dan de landbouw per hoofd van de bevolking in de wereld ($199,8), en was 40,8% lager dan de landbouw per hoofd van de bevolking in Europa ($199,8).

De groei van de landbouw in Oost-Europa bedroeg -6.4% in de jaren 1990. De groei van de landbouw in Oost-Europa (-6,4%) was minder dan de groei van de landbouw in de wereld (2,2%), was minder dan de groei van de landbouw in Europa (-1,6%).

Vergelijking met subregio's. De sector van de landbouw in Oost-Europa was groter dan in Noord-Europa (US$41,5 miljard); maar minder dan in Zuid-Europa (US$83,7 miljard) en in West-Europa (US$82,7 miljard). De landbouw per hoofd in Oost-Europa was in Oost-Europa minder dan in Zuid-Europa (US$580,9), in West-Europa (US$457,0) en in Noord-Europa (US$446,7). De groei van de landbouw in Oost-Europa was minder dan in Zuid-Europa (1,5%), in Noord-Europa (1,2%) en in West-Europa (0,28%).

Leiders. De sector van de landbouw in Oost-Europa in de jaren 1990 bestond uit: Rusland (51,6%), Oekraïne (15,6%), Polen (8,9%), Roemenië (8,3%), Hongarije (4,4%), en andere (11,1%). Het aandeel van de landbouw in economie van de leiders: Roemenië (18,4%), Oekraïne (18,3%), Rusland (9,2%), Hongarije (8,3%) en Polen (5,5%). De toegevoegde waarde van de landbouw per hoofd in Oost-Europa onder de leiders: Hongarije ($300,6), Roemenië ($253,0), Rusland ($243,9), Oekraïne ($215,3) en Polen ($162,3). De groei van de landbouw onder de leiders: Roemenië (1,2%), Polen (-1,9%), Hongarije (-3,0%), Rusland (-5,3%) en Oekraïne (-7,1%).

de jaren 2000

De toegevoegde waarde van de landbouw in Oost-Europa bedroeg in de jaren 2000 US$71,1 miljard per jaar, en was vergelijkbaar met West-Afrika (US$69,8 miljard). Het aandeel in de wereld was 4,6%, en 25,1% in Europa.

Het aandeel van de landbouw in de economie van Oost-Europa was 4,9% in de jaren 2000, en was vergelijkbaar met Kroatië (4,9%), Rusland (4,9%).

De waarde van de landbouw per hoofd in Oost-Europa was $238,1 in de jaren 2000s, en was vergelijkbaar met Georgië (US$238,1), Brunei (US$238,0), de Marshalleilanden (US$237,5). De sector van de landbouw per hoofd in Oost-Europa was 0,91% lager dan de landbouw per hoofd van de bevolking in de wereld ($240,3), en was 38,5% lager dan de landbouw per hoofd van de bevolking in Europa ($240,3).

De groei van de landbouw in Oost-Europa bedroeg 2.9% in de jaren 2000, en was vergelijkbaar met Zweden (2,8%), Thailand (2,9%), Saint Vincent en de Grenadines (2,9%). De groei van de landbouw in Oost-Europa (2,9%) was minder dan de groei van de landbouw in de wereld (3,0%), was groter dan de groei van de landbouw in Europa (1,2%).

Vergelijking met subregio's. De waarde van de landbouw in Oost-Europa was groter dan in Noord-Europa (US$39,8 miljard); maar minder dan in Zuid-Europa (US$89,8 miljard) en in West-Europa (US$82,2 miljard). De landbouw per hoofd in Oost-Europa was in Oost-Europa minder dan in Zuid-Europa (US$602,9), in West-Europa (US$439,0) en in Noord-Europa (US$413,8). De groei van de landbouw in Oost-Europa was groter dan in West-Europa (1,1%), in Noord-Europa (0,82%) en in Zuid-Europa (-0,100%).

Leiders. De sector van de landbouw in Oost-Europa in de jaren 2000 bestond uit: Rusland (47,2%), Polen (12,3%), Roemenië (11,6%), Oekraïne (10,4%), Hongarije (5,4%), en andere (13,0%). Het aandeel van de landbouw in economie van de leiders: Oekraïne (9,4%), Roemenië (8,9%), Rusland (4,9%), Hongarije (4,4%) en Polen (3,2%). De sector van de landbouw per hoofd in Oost-Europa onder de leiders: Roemenië ($385,4), Hongarije ($380,1), Rusland ($232,9), Polen ($227,7) en Oekraïne ($157,0). De groei van de landbouw onder de leiders: Oekraïne (3,9%), Rusland (3,6%), Polen (2,8%), Hongarije (2,5%) en Roemenië (-0,50%).

de jaren 2010

De waarde van de landbouw in Oost-Europa bedroeg in de jaren 2010 US$116,4 miljard per jaar, en was vergelijkbaar met Zuidwest-Azië (US$113,7 miljard). Het aandeel in de wereld was 3,7%, en 31,8% in Europa.

Het aandeel van de landbouw in de economie van Oost-Europa was 4,1% in de jaren 2010, en was vergelijkbaar met Centraal-Amerika (4,1%).

De waarde van de landbouw per hoofd in Oost-Europa was $395,6 in de jaren 2010s, en was vergelijkbaar met Noord-Afrika (US$399,3), Samoa (US$388,7), Namibië (US$388,0). De sector van de landbouw per hoofd in Oost-Europa was 8,5% lager dan de landbouw per hoofd van de bevolking in de wereld ($432,1), en was 19,5% lager dan de landbouw per hoofd van de bevolking in Europa ($432,1).

De groei van de landbouw in Oost-Europa bedroeg 1.2% in de jaren 2010. De groei van de landbouw in Oost-Europa (1,2%) was minder dan de groei van de landbouw in de wereld (2,9%), was groter dan de groei van de landbouw in Europa (0,73%).

Vergelijking met subregio's. De waarde van de landbouw in Oost-Europa was 16,7% groter dan in Zuid-Europa (US$99,7 miljard), 17,0% groter dan in West-Europa (US$99,6 miljard) en 2,3 keer groter dan in Noord-Europa (US$50,1 miljard). De waarde van de landbouw per hoofd in Oost-Europa was in Oost-Europa39,3% minder dan in Zuid-Europa (US$652,0), 23,0% minder dan in West-Europa (US$513,5) en 18,8% minder dan in Noord-Europa (US$487,0). De groei van de landbouw in Oost-Europa was groter dan in Zuid-Europa (0,93%) en in West-Europa (-0,65%); maar minder dan in Noord-Europa (2,0%).

Leiders. De sector van de landbouw in Oost-Europa in de jaren 2010 bestond uit: Rusland (51,8%), Polen (12,2%), Oekraïne (10,9%), Roemenië (7,9%), Hongarije (4,4%), en andere (12,7%). Het aandeel van de landbouw in economie van de leiders: Oekraïne (10,8%), Roemenië (5,2%), Hongarije (4,4%), Rusland (3,9%) en Polen (3,1%). De waarde van de landbouw per hoofd in Oost-Europa onder de leiders: Hongarije ($527,7), Roemenië ($463,7), Rusland ($416,5), Polen ($373,5) en Oekraïne ($283,3). De groei van de landbouw onder de leiders: Oekraïne (3,4%), Roemenië (2,3%), Rusland (1,2%), Hongarije (0,14%) en Polen (-1,6%).

Hoofdstuk V. Industrie

Mijnbouw, productie, nutsbedrijven (ISIC C-E)

De waarde van de industrie in Oost-Europa steeg van US$297,8 miljard per jaar in de jaren 1970 tot US$746,0 miljard per jaar in de jaren 2010, dat wil zeggen met US$448,2 miljard of 2,5 keer. De verandering vond plaats op US$262,8 miljard als gevolg van een 1,5-voudige stijging van de prijzen, en ook op US$226,7 miljard als gevolg van een 1,9-voudige toename van de productiviteit , evenals op -US$41,2 miljard als gevolg van de afname van de bevolking. De gemiddelde jaarlijkse groei van de industrie is 1,8%. De minimumwaarde van de industrie bedroeg US$154,3 miljard in 1999. De maximumwaarde van de industrie bedroeg US$847,0 miljard in 2013.

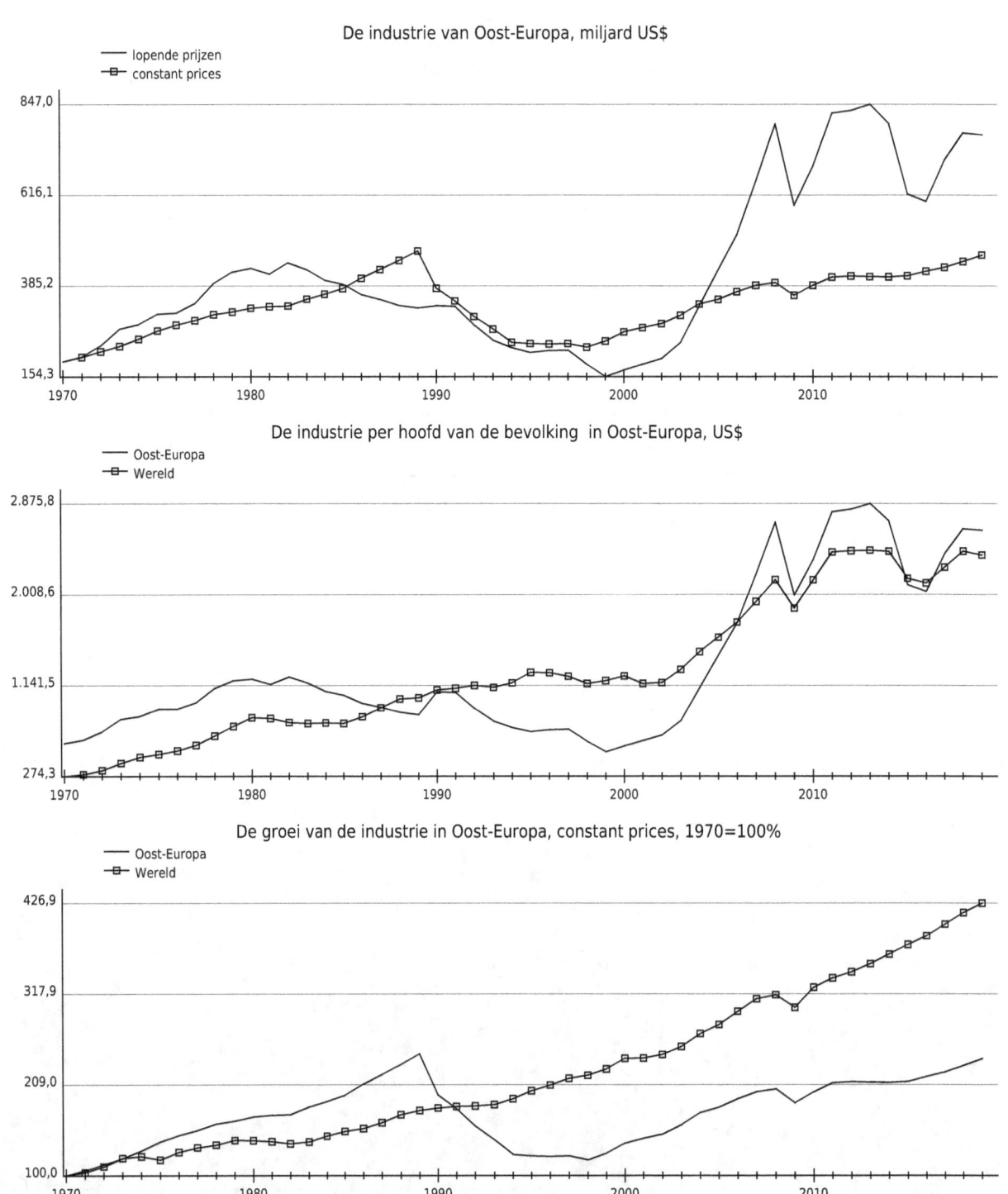

De industrie van Oost-Europa, miljard US$

De industrie per hoofd van de bevolking in Oost-Europa, US$

De groei van de industrie in Oost-Europa, constant prices, 1970=100%

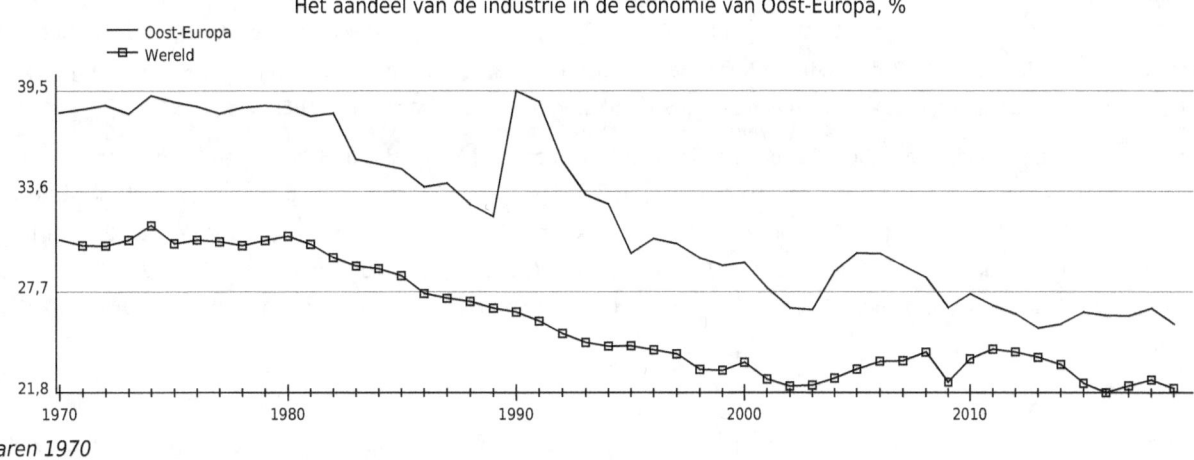

Het aandeel van de industrie in de economie van Oost-Europa, %

— Oost-Europa
—□— Wereld

de jaren 1970

De sector van de industrie in Oost-Europa bedroeg in de jaren 1970 US$297,8 miljard per jaar, en was vergelijkbaar met West-Europa (US$298,8 miljard). Het aandeel in de wereld was 15,4%, en 36,3% in Europa.

Het aandeel van de industrie in de economie van Oost-Europa was 38,6% in de jaren 1970, en was vergelijkbaar met de Sovjet-Unie (38,3%).

De waarde van de industrie per hoofd in Oost-Europa was $871,9 in de jaren 1970s. De industrie per hoofd in Oost-Europa was 81,5% hoger dan de industrie per hoofd van de bevolking in de wereld ($480,5), en was 23,0% lager dan de industrie per hoofd van de bevolking in Europa ($480,5).

De groei van de industrie in Oost-Europa bedroeg 5.8% in de jaren 1970, en was vergelijkbaar met Azië (5,7%), Colombia (5,8%), Burundi (5,8%). De groei van de industrie in Oost-Europa (5,8%) was groter dan de groei van de industrie in de wereld (4,0%), was groter dan de groei van de industrie in Europa (3,6%).

Vergelijking met subregio's. De toegevoegde waarde van de industrie in Oost-Europa was groter dan in Noord-Europa (US$113,4 miljard) en in Zuid-Europa (US$110,8 miljard); maar minder dan in West-Europa (US$298,8 miljard). De sector van de industrie per hoofd in Oost-Europa was in Oost-Europa groter dan in Zuid-Europa (US$836,0); maar minder dan in West-Europa (US$1.757,8) en in Noord-Europa (US$1.395,7). De groei van de industrie in Oost-Europa was groter dan in Zuid-Europa (5,3%), in West-Europa (2,5%) en in Noord-Europa (2,5%).

Leiders. De toegevoegde waarde van de industrie in Oost-Europa in de jaren 1970 bestond uit: Sovjet-Unie (83,5%), Polen (6,7%), Roemenië (3,6%), Tsjecho-Slowakije (3,2%), Hongarije (1,5%), en andere (1,4%). Het aandeel van de industrie in economie van de leiders: Roemenië (49,0%), Polen (40,9%), Sovjet-Unie (38,3%), Hongarije (37,2%) en Tsjecho-Slowakije (33,8%). De industrie per hoofd in Oost-Europa onder de leiders: Sovjet-Unie ($986,6), Tsjecho-Slowakije ($643,2), Polen ($587,6), Roemenië ($501,1) en Hongarije ($430,6). De groei van de industrie onder de leiders: Roemenië (11,3%), Hongarije (6,5%), Polen (6,0%), Tsjecho-Slowakije (5,3%) en Sovjet-Unie (5,2%).

de jaren 1980

De sector van de industrie in Oost-Europa bedroeg in de jaren 1980 US$388,2 miljard per jaar. Het aandeel in de wereld was 9,3%, en 26,2% in Europa.

Het aandeel van de industrie in de economie van Oost-Europa was 35,4% in de jaren 1980, en was vergelijkbaar met Angola (35,4%), Namibië (35,5%), Maleisië (35,5%).

De industrie per hoofd in Oost-Europa was $1.048,8 in de jaren 1980s, en was vergelijkbaar met Malta (US$1.052,0). De sector van de industrie per hoofd in Oost-Europa was 21,7% hoger dan de industrie per hoofd van de bevolking in de wereld ($861,8), en was 45,8% lager dan de industrie per hoofd van de bevolking in Europa ($861,8).

De groei van de industrie in Oost-Europa bedroeg 4% in de jaren 1980, en was vergelijkbaar met Finland (4,0%). De groei van de industrie in Oost-Europa (4,0%) was groter dan de groei van de industrie in de wereld (2,3%), was groter dan de groei van de industrie in Europa (2,3%).

Vergelijking met subregio's. De industrie van Oost-Europa was groter dan in Noord-Europa (US$265,1 miljard) en in Zuid-Europa (US$257,8 miljard); maar minder dan in West-Europa (US$573,2 miljard). De industrie per hoofd in Oost-Europa was in Oost-Europa minder dan in West-Europa (US$3,3 duizend), in Noord-Europa (US$3,2 duizend) en in Zuid-Europa (US$1.824,3). De groei van de industrie in Oost-Europa was groter dan in Zuid-Europa (2,4%), in Noord-Europa (2,1%) en in West-Europa (1,3%).

Leiders. De sector van de industrie in Oost-Europa in de jaren 1980 bestond uit: Sovjet-Unie (78,7%), Polen (7,5%), Roemenië (5,6%), Tsjecho-Slowakije (4,4%), Hongarije (2,1%), en andere (1,8%). Het aandeel van de industrie in economie van de leiders: Roemenië (47,1%), Polen (41,0%), Sovjet-Unie (34,5%), Hongarije (33,8%) en Tsjecho-Slowakije (32,4%). De sector van de industrie per hoofd in Oost-Europa onder de leiders: Sovjet-Unie ($1.110,8), Tsjecho-Slowakije ($1.098,9), Roemenië ($936,1), Polen ($786,4) en Hongarije ($761,4). De groei van de industrie onder de leiders: Sovjet-Unie (5,3%), Polen (1,3%), Hongarije (1,1%), Tsjecho-Slowakije (0,83%) en Roemenië (-0,98%).

de jaren 1990

De waarde van de industrie in Oost-Europa bedroeg in de jaren 1990 US$242,8 miljard per jaar. Het aandeel in de wereld was 3,6%, en 11,3% in Europa.

Het aandeel van de industrie in de economie van Oost-Europa was 33,4% in de jaren 1990, en was vergelijkbaar met Libië (33,4%), Roemenië (33,3%), Zuidwest-Azië (33,3%).

De industrie per hoofd in Oost-Europa was $786,1 in de jaren 1990s, en was vergelijkbaar met Libanon (US$780,8), Brazilië (US$794,7), Polynesië (US$770,7). De industrie per hoofd in Oost-Europa was 33,1% lager dan de industrie per hoofd van de bevolking in de wereld ($1.175,6), en was in 3,8 keer lager dan de industrie per hoofd van de bevolking in Europa ($1.175,6).

De groei van de industrie in Oost-Europa bedroeg -6.4% in de jaren 1990, en was vergelijkbaar met Afghanistan (-6,4%). De groei van de industrie in Oost-Europa (-6,4%) was minder dan de groei van de industrie in de wereld (2,5%), was minder dan de groei van de industrie in Europa (0,0047%).

Vergelijking met subregio's. De industrie van Oost-Europa was minder dan in West-Europa (US$1,0 biljoen), in Noord-Europa (US$442,0 miljard) en in Zuid-Europa (US$437,7 miljard). De industrie per hoofd in Oost-Europa was in Oost-Europa minder dan in West-Europa (US$5,7 duizend), in Noord-Europa (US$4,8 duizend) en in Zuid-Europa (US$3,0 duizend). De groei van de industrie in Oost-Europa was minder dan in Noord-Europa (2,6%), in West-Europa (1,2%) en in Zuid-Europa (0,84%).

Leiders. De waarde van de industrie in Oost-Europa in de jaren 1990 bestond uit: Rusland (57,1%), Polen (13,9%), Oekraïne (8,9%), Tsjechië (6,3%), Roemenië (4,3%), en andere (9,6%). Het aandeel van de industrie in economie van de leiders: Oekraïne (35,9%), Rusland (35,3%), Roemenië (33,3%), Tsjechië (32,7%) en Polen (29,8%). De sector van de industrie per hoofd in Oost-Europa onder de leiders: Tsjechië ($1.468,3), Rusland ($937,0), Polen ($880,1), Roemenië ($459,2) en Oekraïne ($423,4). De groei van de industrie onder de leiders: Polen (1,9%), Tsjechië (-2,5%), Roemenië (-4,6%), Rusland (-6,8%) en Oekraïne (-10,5%).

de jaren 2000

De waarde van de industrie in Oost-Europa bedroeg in de jaren 2000 US$411,2 miljard per jaar. Het aandeel in de wereld was 4,0%, en 14,1% in Europa.

Het aandeel van de industrie in de economie van Oost-Europa was 28,5% in de jaren 2000, en was vergelijkbaar met Nauru (28,4%), Roemenië (28,3%), Oekraïne (28,8%).

De sector van de industrie per hoofd in Oost-Europa was $1.376,6 in de jaren 2000s, en was vergelijkbaar met de Turks- en Caicoseilanden (US$1.384,6), Algerije (US$1.389,0), Anguilla (US$1.353,0). De industrie per hoofd in Oost-Europa was 12,5% lager dan de industrie per hoofd van de bevolking in de wereld ($1.573,8), en was in 2,9 keer lager dan de industrie per hoofd van de bevolking in Europa ($1.573,8).

De groei van de industrie in Oost-Europa bedroeg 4% in de jaren 2000, en was vergelijkbaar met Estland (4,0%), Honduras (4,0%), Bosnië en Herzegovina (4,0%). De groei van de industrie in Oost-Europa (4,0%) was groter dan de groei van de industrie in de wereld (2,9%), was groter dan de groei van de industrie in Europa (0,63%).

Vergelijking met subregio's. De waarde van de industrie in Oost-Europa was minder dan in West-Europa (US$1,3 biljoen), in Noord-Europa (US$663,4 miljard) en in Zuid-Europa (US$587,2 miljard). De waarde van de industrie per hoofd in Oost-Europa was in Oost-Europa minder dan in Noord-Europa (US$6,9 duizend), in West-Europa (US$6,7 duizend) en in Zuid-Europa (US$3,9 duizend). De groei van de industrie in Oost-Europa was groter dan in West-Europa (0,46%), in Noord-Europa (-0,32%) en in Zuid-Europa (-0,34%).

Leiders. De sector van de industrie in Oost-Europa in de jaren 2000 bestond uit: Rusland (50,4%), Polen (16,2%), Tsjechië (9,2%), Roemenië (6,4%), Oekraïne (5,5%), en andere (12,3%). Het aandeel van de industrie in economie van de leiders: Tsjechië (30,5%), Rusland (30,2%), Oekraïne (28,8%), Roemenië (28,3%) en Polen (24,6%). De industrie per hoofd in Oost-Europa onder de leiders: Tsjechië ($3.651,7), Polen ($1.738,2), Rusland ($1.435,1), Roemenië ($1.232,8) en Oekraïne ($481,3). De groei van de industrie onder de leiders: Oekraïne (6,1%), Roemenië (5,3%), Tsjechië (4,5%), Polen (4,2%) en Rusland (3,5%).

de jaren 2010

De industrie van Oost-Europa bedroeg in de jaren 2010 US$746,0 miljard per jaar, en was vergelijkbaar met Zuidoost-Azië (US$764,3 miljard). Het aandeel in de wereld was 4,4%, en 19,7% in Europa.

Het aandeel van de industrie in de economie van Oost-Europa was 26,3% in de jaren 2010, en was vergelijkbaar met Slovenië (26,3%), Servië (26,4%), Rusland (26,3%).

De toegevoegde waarde van de industrie per hoofd in Oost-Europa was $2.534,9 in de jaren 2010s, en was vergelijkbaar met Griekenland (US$2,6 duizend), Roemenië (US$2,5 duizend). De toegevoegde waarde van de industrie per hoofd in Oost-Europa was 9,2% hoger dan de industrie per hoofd van de bevolking in de wereld ($2.320,9), en was in 2,0 keer lager dan de industrie per hoofd van de bevolking in Europa ($2.320,9).

De groei van de industrie in Oost-Europa bedroeg 2.5% in de jaren 2010, en was vergelijkbaar met Oman (2,5%), Australië (2,6%), Japan (2,6%). De groei van de industrie in Oost-Europa (2,5%) was minder dan de groei van de industrie in de wereld (3,5%), was groter dan de groei van de industrie in Europa (2,0%).

Vergelijking met subregio's. De sector van de industrie in Oost-Europa was 13,9% groter dan in Zuid-Europa (US$654,8 miljard); maar 2,2 keer minder dan in West-Europa (US$1,6 biljoen) en 4,4% minder dan in Noord-Europa (US$780,4 miljard). De industrie per hoofd in Oost-Europa was in Oost-Europa3,3 keer minder dan in West-Europa (US$8,3 duizend), 3,0 keer minder dan in Noord-Europa (US$7,6 duizend) en 40,8% minder dan in Zuid-Europa (US$4,3 duizend). De groei van de industrie in Oost-Europa was groter dan in West-Europa (2,4%), in Noord-Europa (1,7%) en in Zuid-Europa (0,77%).

Leiders. De toegevoegde waarde van de industrie in Oost-Europa in de jaren 2010 bestond uit: Rusland (55,0%), Polen (15,5%), Tsjechië (8,0%), Roemenië (6,7%), Hongarije (4,1%), en andere (10,7%). Het aandeel van de industrie in economie van de leiders: Tsjechië (30,6%), Roemenië (28,2%), Rusland (26,3%), Hongarije (25,6%) en Polen (25,1%). De sector van de industrie per hoofd in Oost-Europa onder de leiders: Tsjechië ($5.648,9), Hongarije ($3.093,9), Polen ($3.045,0), Rusland ($2.835,1) en Roemenië ($2.499,1). De groei van de industrie onder de leiders: Hongarije (5,8%), Polen (4,5%), Tsjechië (2,9%), Roemenië (2,1%) en Rusland (1,7%).

Hoofdstuk 5.1. Fabricage

(ISIC D)

De toegevoegde waarde van de fabricage in Oost-Europa steeg van US$288,9 miljard per jaar in de jaren 1970 tot US$471,0 miljard per jaar in de jaren 2010, dat wil zeggen met US$182,1 miljard of 63,0%. De verandering vond plaats op -US$84,2 miljard als gevolg van een 1,2-voudige daling van de prijzen, en ook op US$306,3 miljard als gevolg van een 2,2-voudige toename van de productiviteit , evenals op -US$40,0 miljard als gevolg van de afname van de bevolking. De gemiddelde jaarlijkse groei van de fabricage is 2,2%. De minimumwaarde van de fabricage bedroeg US$116,5 miljard in 1999. De maximumwaarde van de fabricage bedroeg US$538,5 miljard in 2008.

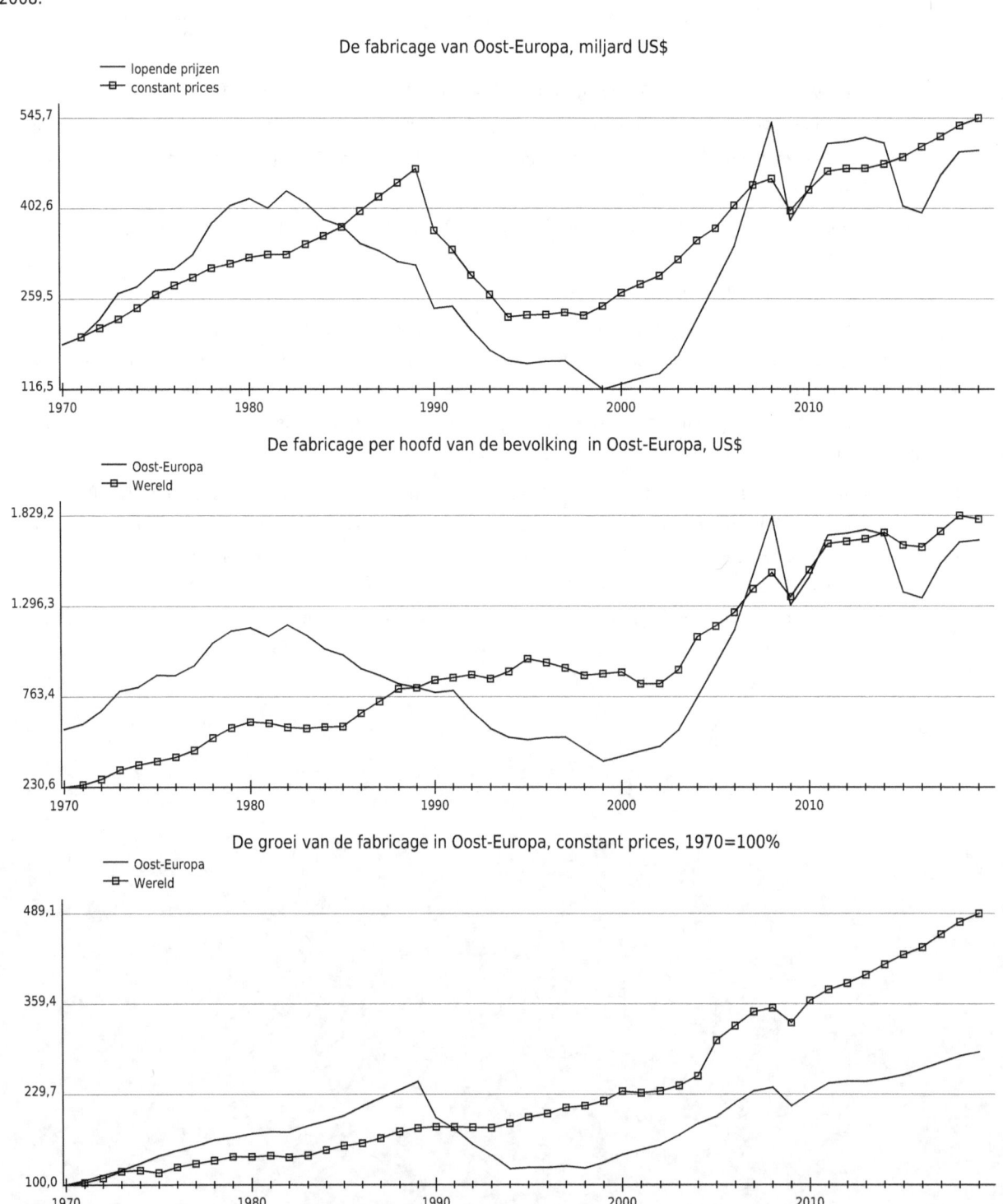

De fabricage van Oost-Europa, miljard US$

De fabricage per hoofd van de bevolking in Oost-Europa, US$

De groei van de fabricage in Oost-Europa, constant prices, 1970=100%

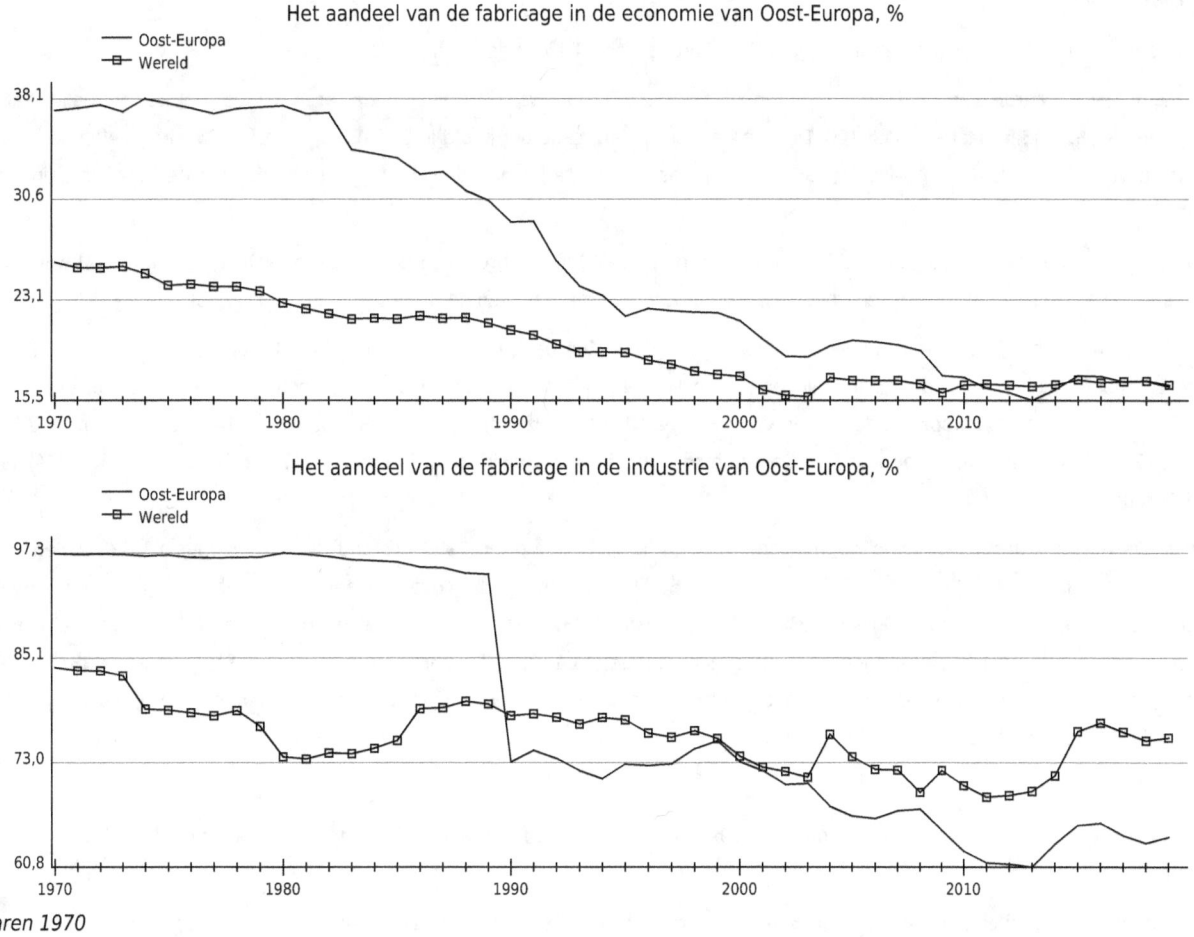

Het aandeel van de fabricage in de economie van Oost-Europa, %

Het aandeel van de fabricage in de industrie van Oost-Europa, %

de jaren 1970

De waarde van de fabricage in Oost-Europa bedroeg in de jaren 1970 US$288,9 miljard per jaar. Het aandeel in de wereld was 18,7%, en 39,1% in Europa.

Het aandeel van de fabricage in de economie van Oost-Europa was 37,4% in de jaren 1970.

De waarde van de fabricage per hoofd in Oost-Europa was $845,6 in de jaren 1970s. De fabricage per hoofd in Oost-Europa was in 2,2 keer hoger dan de fabricage per hoofd van de bevolking in de wereld ($383,2), en was 17,0% lager dan de fabricage per hoofd van de bevolking in Europa ($383,2).

De groei van de fabricage in Oost-Europa bedroeg 5.9% in de jaren 1970, en was vergelijkbaar met Zuid-Amerika (5,9%), Sri Lanka (5,9%), Zuidwest-Azië (5,9%). De groei van de fabricage in Oost-Europa (5,9%) was groter dan de groei van de fabricage in de wereld (3,8%), was groter dan de groei van de fabricage in Europa (3,5%).

Vergelijking met subregio's. De waarde van de fabricage in Oost-Europa was groter dan in West-Europa (US$261,3 miljard), in Zuid-Europa (US$97,7 miljard) en in Noord-Europa (US$91,5 miljard). De toegevoegde waarde van de fabricage per hoofd in Oost-Europa was in Oost-Europa groter dan in Zuid-Europa (US$736,8); maar minder dan in West-Europa (US$1.537,5) en in Noord-Europa (US$1.126,2). De groei van de fabricage in Oost-Europa was groter dan in West-Europa (2,4%) en in Noord-Europa (2,0%); maar minder dan in Zuid-Europa (6,0%).

Leiders. De toegevoegde waarde van de fabricage in Oost-Europa in de jaren 1970 bestond uit: Sovjet-Unie (86,1%), Polen (5,2%), Tsjecho-Slowakije (3,3%), Roemenië (3,3%), Hongarije (1,1%). Het aandeel van de fabricage in economie van de leiders: Roemenië (42,9%), Sovjet-Unie (38,3%), Tsjecho-Slowakije (33,8%), Polen (30,9%) en Hongarije (26,3%). De fabricage per hoofd in Oost-Europa onder de leiders: Sovjet-Unie ($986,6), Tsjecho-Slowakije ($643,2), Polen ($444,1), Roemenië ($438,7) en Hongarije ($304,2). De groei van de fabricage onder de leiders: Roemenië (11,3%), Hongarije (6,6%), Polen (6,0%), Tsjecho-Slowakije (5,3%) en Sovjet-Unie (5,2%).

de jaren 1980

De waarde van de fabricage in Oost-Europa bedroeg in de jaren 1980 US$373,7 miljard per jaar. Het aandeel in de wereld was 11,7%, en 29,1% in Europa.

Het aandeel van de fabricage in de economie van Oost-Europa was 34,1% in de jaren 1980.

De toegevoegde waarde van de fabricage per hoofd in Oost-Europa was $1.009,6 in de jaren 1980s, en was vergelijkbaar met Joegoslavië (US$1.003,6), Malta (US$991,4). De waarde van de fabricage per hoofd in Oost-Europa was 52,7% hoger dan de fabricage per hoofd van de bevolking in de wereld ($661,2), en was 39,6% lager dan de fabricage per hoofd van de bevolking in Europa ($661,2).

De groei van de fabricage in Oost-Europa bedroeg 4% in de jaren 1980. De groei van de fabricage in Oost-Europa (4,0%) was groter dan de groei van de fabricage in de wereld (2,6%), was groter dan de groei van de fabricage in Europa (2,1%).

Vergelijking met subregio's. De sector van de fabricage in Oost-Europa was groter dan in Zuid-Europa (US$225,7 miljard) en in Noord-Europa (US$195,0 miljard); maar minder dan in West-Europa (US$489,2 miljard). De sector van de fabricage per hoofd in Oost-Europa was in Oost-Europa minder dan in West-Europa (US$2,8 duizend), in Noord-Europa (US$2,4 duizend) en in Zuid-Europa (US$1.597,2). De groei van de fabricage in Oost-Europa was groter dan in Zuid-Europa (2,5%), in Noord-Europa (1,7%) en in West-Europa (1,4%).

Leiders. De toegevoegde waarde van de fabricage in Oost-Europa in de jaren 1980 bestond uit: Sovjet-Unie (81,8%), Polen (5,9%), Roemenië (5,1%), Tsjecho-Slowakije (4,6%), Hongarije (1,5%), en andere (1,2%). Het aandeel van de fabricage in economie van de leiders: Roemenië (41,2%), Sovjet-Unie (34,5%), Tsjecho-Slowakije (32,4%), Polen (31,0%) en Hongarije (23,6%). De sector van de fabricage per hoofd in Oost-Europa onder de leiders: Sovjet-Unie ($1.110,8), Tsjecho-Slowakije ($1.098,9), Roemenië ($819,3), Polen ($594,4) en Hongarije ($532,8). De groei van de fabricage onder de leiders: Sovjet-Unie (5,3%), Polen (1,4%), Hongarije (1,4%), Tsjecho-Slowakije (0,83%) en Roemenië (-1,4%).

de jaren 1990

De fabricage van Oost-Europa bedroeg in de jaren 1990 US$177,6 miljard per jaar. Het aandeel in de wereld was 3,4%, en 10,0% in Europa.

Het aandeel van de fabricage in de economie van Oost-Europa was 24,5% in de jaren 1990, en was vergelijkbaar met de Dominicaanse Republiek (24,4%), Armenië (24,5%), Ghana (24,4%).

De toegevoegde waarde van de fabricage per hoofd in Oost-Europa was $575,1 in de jaren 1990s, en was vergelijkbaar met Paraguay (US$572,4), Servië (US$568,3), Polynesië (US$567,1). De sector van de fabricage per hoofd in Oost-Europa was 36,7% lager dan de fabricage per hoofd van de bevolking in de wereld ($908,4), en was in 4,2 keer lager dan de fabricage per hoofd van de bevolking in Europa ($908,4).

De groei van de fabricage in Oost-Europa bedroeg -6.1% in de jaren 1990. De groei van de fabricage in Oost-Europa (-6,1%) was minder dan de groei van de fabricage in de wereld (2,0%), was minder dan de groei van de fabricage in Europa (0,24%).

Vergelijking met subregio's. De toegevoegde waarde van de fabricage in Oost-Europa was minder dan in West-Europa (US$884,7 miljard), in Zuid-Europa (US$374,1 miljard) en in Noord-Europa (US$339,0 miljard). De sector van de fabricage per hoofd in Oost-Europa was in Oost-Europa minder dan in West-Europa (US$4,9 duizend), in Noord-Europa (US$3,7 duizend) en in Zuid-Europa (US$2,6 duizend). De groei van de fabricage in Oost-Europa was minder dan in Noord-Europa (2,0%), in West-Europa (1,2%) en in Zuid-Europa (0,90%).

Leiders. De waarde van de fabricage in Oost-Europa in de jaren 1990 bestond uit: Rusland (52,2%), Polen (14,3%), Oekraïne (11,5%), Tsjechië (6,7%), Roemenië (4,8%), en andere (10,6%). Het aandeel van de fabricage in economie van de leiders: Oekraïne (34,1%), Roemenië (27,0%), Tsjechië (25,7%), Rusland (23,6%) en Polen (22,3%). De sector van de fabricage per hoofd in Oost-Europa onder de leiders: Tsjechië ($1.155,0), Polen ($659,9), Rusland ($626,6), Oekraïne ($402,2) en Roemenië ($371,3). De groei van de fabricage onder de leiders: Polen (3,6%), Tsjechië (2,2%), Roemenië (-4,9%), Rusland (-6,8%) en Oekraïne (-11,7%).

de jaren 2000

De waarde van de fabricage in Oost-Europa bedroeg in de jaren 2000 US$278,4 miljard per jaar, en was vergelijkbaar met Italië (US$277,2 miljard). Het aandeel in de wereld was 3,8%, en 12,0% in Europa.

Het aandeel van de fabricage in de economie van Oost-Europa was 19,3% in de jaren 2000, en was vergelijkbaar met Zweden (19,3%),

Trinidad en Tobago (19,3%), Oekraïne (19,3%).

De sector van de fabricage per hoofd in Oost-Europa was $932,0 in de jaren 2000s, en was vergelijkbaar met Mauritius (US$930,8), de Seychellen (US$921,5), Suriname (US$949,7). De toegevoegde waarde van de fabricage per hoofd in Oost-Europa was 18,1% lager dan de fabricage per hoofd van de bevolking in de wereld ($1.138,1), en was in 3,4 keer lager dan de fabricage per hoofd van de bevolking in Europa ($1.138,1).

De groei van de fabricage in Oost-Europa bedroeg 4.9% in de jaren 2000, en was vergelijkbaar met Zuidoost-Azië (4,8%), Jemen (4,9%), Egypte (4,9%). De groei van de fabricage in Oost-Europa (4,9%) was groter dan de groei van de fabricage in de wereld (4,2%), was groter dan de groei van de fabricage in Europa (0,69%).

Vergelijking met subregio's. De waarde van de fabricage in Oost-Europa was minder dan in West-Europa (US$1,1 biljoen), in Zuid-Europa (US$493,4 miljard) en in Noord-Europa (US$460,5 miljard). De sector van de fabricage per hoofd in Oost-Europa was in Oost-Europa minder dan in West-Europa (US$5,8 duizend), in Noord-Europa (US$4,8 duizend) en in Zuid-Europa (US$3,3 duizend). De groei van de fabricage in Oost-Europa was groter dan in West-Europa (0,55%), in Noord-Europa (-0,018%) en in Zuid-Europa (-0,62%).

Leiders. De toegevoegde waarde van de fabricage in Oost-Europa in de jaren 2000 bestond uit: Rusland (43,4%), Polen (17,7%), Tsjechië (10,9%), Roemenië (8,0%), Hongarije (6,8%), en andere (13,2%). Het aandeel van de fabricage in economie van de leiders: Tsjechië (24,6%), Roemenië (23,7%), Hongarije (21,8%), Polen (18,1%) en Rusland (17,6%). De fabricage per hoofd in Oost-Europa onder de leiders: Tsjechië ($2.943,4), Hongarije ($1.880,6), Polen ($1.281,9), Roemenië ($1.032,6) en Rusland ($837,1). De groei van de fabricage onder de leiders: Polen (7,0%), Tsjechië (6,0%), Roemenië (6,0%), Rusland (3,6%) en Hongarije (2,5%).

de jaren 2010

De waarde van de fabricage in Oost-Europa bedroeg in de jaren 2010 US$471,0 miljard per jaar, en was vergelijkbaar met Zuid-Amerika (US$480,0 miljard). Het aandeel in de wereld was 3,8%, en 16,2% in Europa.

Het aandeel van de fabricage in de economie van Oost-Europa was 16,6% in de jaren 2010, en was vergelijkbaar met Bahrein (16,7%), Tunesië (16,5%), Centraal-Amerika (16,8%).

De waarde van de fabricage per hoofd in Oost-Europa was $1.600,2 in de jaren 2010s, en was vergelijkbaar met Letland (US$1.603,1), Chili (US$1.589,6), Mexico (US$1.633,1). De waarde van de fabricage per hoofd in Oost-Europa was 5,7% lager dan de fabricage per hoofd van de bevolking in de wereld ($1.697,4), en was in 2,4 keer lager dan de fabricage per hoofd van de bevolking in Europa ($1.697,4).

De groei van de fabricage in Oost-Europa bedroeg 3.2% in de jaren 2010. De groei van de fabricage in Oost-Europa (3,2%) was minder dan de groei van de fabricage in de wereld (3,9%), was groter dan de groei van de fabricage in Europa (2,5%).

Vergelijking met subregio's. De fabricage van Oost-Europa was 2,9 keer minder dan in West-Europa (US$1,4 biljoen), 12,0% minder dan in Noord-Europa (US$535,3 miljard) en 10,1% minder dan in Zuid-Europa (US$524,1 miljard). De waarde van de fabricage per hoofd in Oost-Europa was in Oost-Europa4,4 keer minder dan in West-Europa (US$7,1 duizend), 3,3 keer minder dan in Noord-Europa (US$5,2 duizend) en 2,1 keer minder dan in Zuid-Europa (US$3,4 duizend). De groei van de fabricage in Oost-Europa was groter dan in West-Europa (2,8%), in Noord-Europa (2,7%) en in Zuid-Europa (1,1%).

Leiders. De waarde van de fabricage in Oost-Europa in de jaren 2010 bestond uit: Rusland (45,0%), Polen (18,3%), Tsjechië (10,5%), Roemenië (8,6%), Hongarije (5,6%), en andere (12,0%). Het aandeel van de fabricage in economie van de leiders: Tsjechië (25,2%), Roemenië (22,9%), Hongarije (22,3%), Polen (18,7%) en Rusland (13,6%). De fabricage per hoofd in Oost-Europa onder de leiders: Tsjechië ($4.645,1), Hongarije ($2.688,1), Polen ($2.263,8), Roemenië ($2.026,3) en Rusland ($1.465,5). De groei van de fabricage onder de leiders: Polen (5,4%), Tsjechië (4,6%), Hongarije (3,1%), Roemenië (2,5%) en Rusland (2,1%).

Hoofdstuk VI. Constructie

(ISIC F)

De bouw van Oost-Europa steeg van US$64,0 miljard per jaar in de jaren 1970 tot US$197,9 miljard per jaar in de jaren 2010, dat wil zeggen met US$133,8 miljard of 3,1 keer. De verandering vond plaats op US$113,4 miljard als gevolg van een 2,3-voudige stijging van de prijzen, en ook op US$29,3 miljard als gevolg van een 1,5-voudige toename van de productiviteit , evenals op -US$8,9 miljard als gevolg van de afname van de bevolking. De gemiddelde jaarlijkse groei van de constructie is 1,4%. De minimumwaarde van de constructie bedroeg US$36,4 miljard in 1999. De maximumwaarde van de constructie bedroeg US$230,4 miljard in 2012.

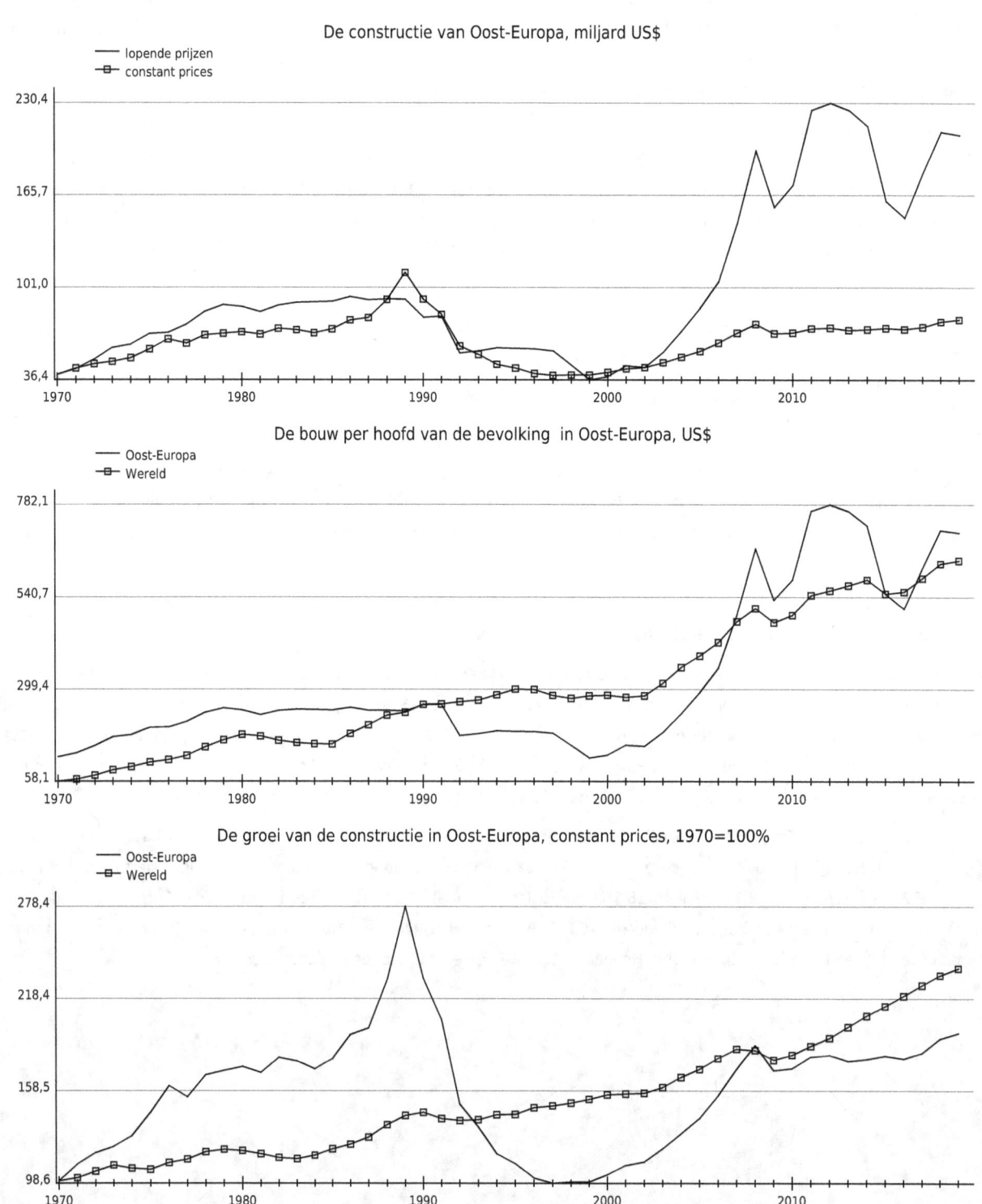

De constructie van Oost-Europa, miljard US$

De bouw per hoofd van de bevolking in Oost-Europa, US$

De groei van de constructie in Oost-Europa, constant prices, 1970=100%

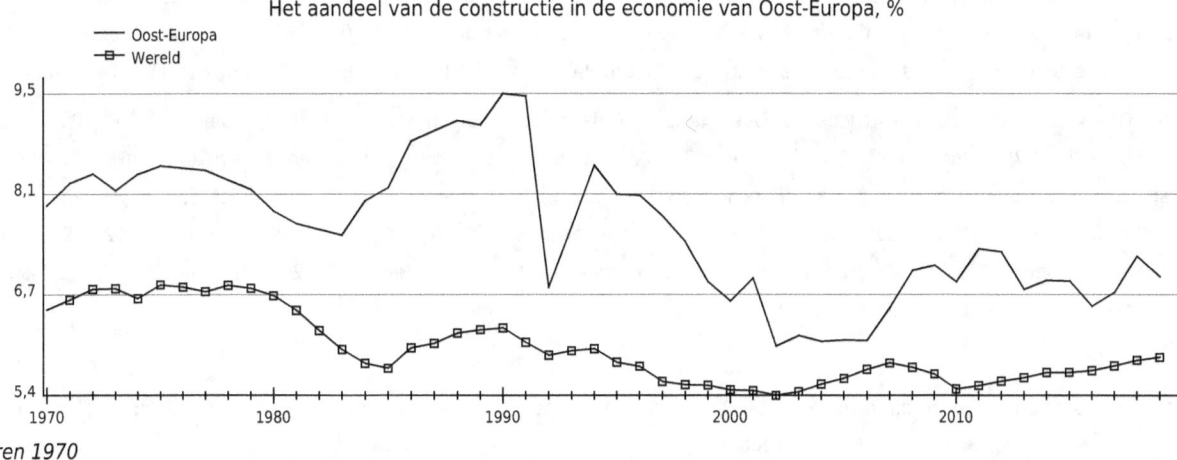

Het aandeel van de constructie in de economie van Oost-Europa, %

de jaren 1970

De constructie van Oost-Europa bedroeg in de jaren 1970 US$64,0 miljard per jaar. Het aandeel in de wereld was 14,9%, en 31,8% in Europa.

Het aandeel van de constructie in de economie van Oost-Europa was 8,3% in de jaren 1970, en was vergelijkbaar met Australazië (8,3%), Saint Vincent en de Grenadines (8,3%), Saint Kitts en Nevis (8,3%).

De constructie per hoofd in Oost-Europa was $187,5 in de jaren 1970s. De constructie per hoofd in Oost-Europa was 76,7% hoger dan de constructie per hoofd van de bevolking in de wereld ($106,1), en was 32,5% lager dan de constructie per hoofd van de bevolking in Europa ($106,1).

De groei van de constructie in Oost-Europa bedroeg 6.2% in de jaren 1970. De groei van de constructie in Oost-Europa (6,2%) was groter dan de groei van de constructie in de wereld (2,1%), was groter dan de groei van de constructie in Europa (1,3%).

Vergelijking met subregio's. De sector van de constructie in Oost-Europa was groter dan in Zuid-Europa (US$33,4 miljard) en in Noord-Europa (US$29,1 miljard); maar minder dan in West-Europa (US$75,0 miljard). De toegevoegde waarde van de constructie per hoofd in Oost-Europa was in Oost-Europa minder dan in West-Europa (US$441,4), in Noord-Europa (US$358,4) en in Zuid-Europa (US$251,6). De groei van de constructie in Oost-Europa was groter dan in West-Europa (0,77%), in Zuid-Europa (0,49%) en in Noord-Europa (-0,12%).

Leiders. De sector van de constructie in Oost-Europa in de jaren 1970 bestond uit: Sovjet-Unie (81,9%), Polen (8,4%), Tsjecho-Slowakije (4,0%), Roemenië (2,7%), Hongarije (1,6%), en andere (1,3%). Het aandeel van de constructie in economie van de leiders: Polen (11,1%), Tsjecho-Slowakije (9,1%), Hongarije (8,5%), Sovjet-Unie (8,1%) en Roemenië (7,8%). De waarde van de constructie per hoofd in Oost-Europa onder de leiders: Sovjet-Unie ($208,1), Tsjecho-Slowakije ($173,1), Polen ($159,5), Hongarije ($98,5) en Roemenië ($79,9). De groei van de constructie onder de leiders: Roemenië (7,7%), Sovjet-Unie (6,5%), Hongarije (6,4%), Polen (6,0%) en Tsjecho-Slowakije (4,5%).

de jaren 1980

De waarde van de constructie in Oost-Europa bedroeg in de jaren 1980 US$90,4 miljard per jaar. Het aandeel in de wereld was 10,1%, en 25,5% in Europa.

Het aandeel van de constructie in de economie van Oost-Europa was 8,3% in de jaren 1980, en was vergelijkbaar met de Filipijnen (8,2%).

De constructie per hoofd in Oost-Europa was $244,4 in de jaren 1980s, en was vergelijkbaar met Gabon (US$239,2). De sector van de constructie per hoofd in Oost-Europa was 31,2% hoger dan de constructie per hoofd van de bevolking in de wereld ($186,2), en was 47,2% lager dan de constructie per hoofd van de bevolking in Europa ($186,2).

De groei van de constructie in Oost-Europa bedroeg 4.9% in de jaren 1980, en was vergelijkbaar met Oeganda (5,0%). De groei van de constructie in Oost-Europa (4,9%) was groter dan de groei van de constructie in de wereld (1,7%), was groter dan de groei van de constructie in Europa (1,9%).

Vergelijking met subregio's. De toegevoegde waarde van de constructie in Oost-Europa was groter dan in Zuid-Europa (US$67,6 miljard) en in Noord-Europa (US$63,1 miljard); maar minder dan in West-Europa (US$134,1 miljard). De constructie per hoofd in Oost-Europa was in Oost-Europa minder dan in West-Europa (US$773,3), in Noord-Europa (US$762,6) en in Zuid-Europa (US$478,0). De groei van de constructie in Oost-Europa was groter dan in Noord-Europa (3,2%), in Zuid-Europa (1,2%) en in West-Europa (0,27%).

Leiders. De waarde van de constructie in Oost-Europa in de jaren 1980 bestond uit: Sovjet-Unie (79,7%), Polen (8,7%), Tsjecho-Slowakije (4,7%), Roemenië (3,5%), Hongarije (2,1%), en andere (1,3%). Het aandeel van de constructie in economie van de leiders: Polen (11,2%), Sovjet-Unie (8,1%), Tsjecho-Slowakije (8,1%), Hongarije (7,8%) en Roemenië (6,9%). De sector van de constructie per hoofd in Oost-Europa onder de leiders: Tsjecho-Slowakije ($274,0), Sovjet-Unie ($262,0), Polen ($213,9), Hongarije ($175,9) en Roemenië ($136,7). De groei van de constructie onder de leiders: Sovjet-Unie (6,2%), Tsjecho-Slowakije (1,4%), Polen (1,2%), Hongarije (0,43%) en Roemenië (-1,3%).

de jaren 1990

De bouw van Oost-Europa bedroeg in de jaren 1990 US$58,7 miljard per jaar, en was vergelijkbaar met Italië (US$60,1 miljard). Het aandeel in de wereld was 3,7%, en 10,6% in Europa.

Het aandeel van de constructie in de economie van Oost-Europa was 8,1% in de jaren 1990.

De sector van de constructie per hoofd in Oost-Europa was $190,2 in de jaren 1990s, en was vergelijkbaar met Estland (US$190,3), Hongarije (US$189,1). De sector van de constructie per hoofd in Oost-Europa was 31,8% lager dan de constructie per hoofd van de bevolking in de wereld ($278,6), en was in 4,0 keer lager dan de constructie per hoofd van de bevolking in Europa ($278,6).

De groei van de constructie in Oost-Europa bedroeg -9.8% in de jaren 1990. De groei van de constructie in Oost-Europa (-9,8%) was minder dan de groei van de constructie in de wereld (0,71%), was minder dan de groei van de constructie in Europa (-1,7%).

Vergelijking met subregio's. De bouw van Oost-Europa was minder dan in West-Europa (US$259,5 miljard), in Zuid-Europa (US$129,8 miljard) en in Noord-Europa (US$104,8 miljard). De waarde van de constructie per hoofd in Oost-Europa was in Oost-Europa minder dan in West-Europa (US$1.434,5), in Noord-Europa (US$1.128,5) en in Zuid-Europa (US$900,9). De groei van de constructie in Oost-Europa was minder dan in Zuid-Europa (0,30%), in Noord-Europa (-0,10%) en in West-Europa (-0,19%).

Leiders. De toegevoegde waarde van de constructie in Oost-Europa in de jaren 1990 bestond uit: Rusland (58,0%), Polen (17,6%), Oekraïne (7,6%), Tsjechië (5,6%), Hongarije (3,3%), en andere (7,9%). Het aandeel van de constructie in economie van de leiders: Polen (9,1%), Rusland (8,7%), Oekraïne (7,5%), Tsjechië (7,1%) en Hongarije (5,2%). De toegevoegde waarde van de constructie per hoofd in Oost-Europa onder de leiders: Tsjechië ($319,7), Polen ($269,0), Rusland ($230,4), Hongarije ($189,1) en Oekraïne ($87,9). De groei van de constructie onder de leiders: Polen (4,8%), Hongarije (-2,1%), Tsjechië (-7,9%), Rusland (-12,1%) en Oekraïne (-21,3%).

de jaren 2000

De sector van de constructie in Oost-Europa bedroeg in de jaren 2000 US$94,8 miljard per jaar, en was vergelijkbaar met Zuid-Azië (US$93,6 miljard). Het aandeel in de wereld was 3,8%, en 11,3% in Europa.

Het aandeel van de constructie in de economie van Oost-Europa was 6,6% in de jaren 2000, en was vergelijkbaar met Turkije (6,6%), Nepal (6,5%), Melanesië (6,6%).

De sector van de constructie per hoofd in Oost-Europa was $317,4 in de jaren 2000s, en was vergelijkbaar met de Caraïben (US$311,9), Oost-Azië (US$311,3). De sector van de constructie per hoofd in Oost-Europa was 16,8% lager dan de constructie per hoofd van de bevolking in de wereld ($381,3), en was in 3,6 keer lager dan de constructie per hoofd van de bevolking in Europa ($381,3).

De groei van de constructie in Oost-Europa bedroeg 5.6% in de jaren 2000, en was vergelijkbaar met Saoedi-Arabië (5,7%). De groei van de constructie in Oost-Europa (5,6%) was groter dan de groei van de constructie in de wereld (1,5%), was groter dan de groei van de constructie in Europa (0,97%).

Vergelijking met subregio's. De toegevoegde waarde van de constructie in Oost-Europa was minder dan in West-Europa (US$301,9 miljard), in Zuid-Europa (US$238,5 miljard) en in Noord-Europa (US$203,5 miljard). De waarde van de constructie per hoofd in Oost-Europa was in Oost-Europa minder dan in Noord-Europa (US$2,1 duizend), in West-Europa (US$1.612,8) en in Zuid-Europa (US$1.601,6). De groei van de constructie in Oost-Europa was groter dan in Zuid-Europa (1,3%), in Noord-Europa (0,70%) en in West-Europa (-0,44%).

Leiders. De sector van de constructie in Oost-Europa in de jaren 2000 bestond uit: Rusland (42,7%), Polen (22,4%), Roemenië (9,7%),

Tsjechië (8,4%), Hongarije (4,8%), en andere (12,0%). Het aandeel van de constructie in economie van de leiders: Roemenië (9,8%), Polen (7,8%), Tsjechië (6,5%), Rusland (5,9%) en Hongarije (5,2%). De bouw per hoofd in Oost-Europa onder de leiders: Tsjechië ($775,2), Polen ($553,8), Hongarije ($451,6), Roemenië ($428,2) en Rusland ($280,3). De groei van de constructie onder de leiders: Roemenië (11,7%), Rusland (8,1%), Tsjechië (1,5%), Hongarije (1,4%) en Polen (1,0%).

de jaren 2010

De toegevoegde waarde van de constructie in Oost-Europa bedroeg in de jaren 2010 US$197,9 miljard per jaar. Het aandeel in de wereld was 4,7%, en 18,8% in Europa.

Het aandeel van de constructie in de economie van Oost-Europa was 7,0% in de jaren 2010, en was vergelijkbaar met Centraal-Azië (7,0%), China (7,0%), Botswana (7,0%).

De toegevoegde waarde van de constructie per hoofd in Oost-Europa was $672,3 in de jaren 2010s, en was vergelijkbaar met Oost-Azië (US$677,5), Palau (US$666,5), Turkmenistan (US$683,0). De waarde van de constructie per hoofd in Oost-Europa was 17,5% hoger dan de constructie per hoofd van de bevolking in de wereld ($572,1), en was in 2,1 keer lager dan de constructie per hoofd van de bevolking in Europa ($572,1).

De groei van de constructie in Oost-Europa bedroeg 1.3% in de jaren 2010, en was vergelijkbaar met Zuidelijk Afrika (1,3%), Amerika (1,3%). De groei van de constructie in Oost-Europa (1,3%) was minder dan de groei van de constructie in de wereld (2,9%), was groter dan de groei van de constructie in Europa (0,50%).

Vergelijking met subregio's. De constructie van Oost-Europa was 2,5% groter dan in Zuid-Europa (US$193,0 miljard); maar 2,1 keer minder dan in West-Europa (US$413,1 miljard) en 20,6% minder dan in Noord-Europa (US$249,3 miljard). De waarde van de constructie per hoofd in Oost-Europa was in Oost-Europa3,6 keer minder dan in Noord-Europa (US$2,4 duizend), 3,2 keer minder dan in West-Europa (US$2,1 duizend) en 46,7% minder dan in Zuid-Europa (US$1.262,0). De groei van de constructie in Oost-Europa was groter dan in West-Europa (0,72%) en in Zuid-Europa (-3,3%); maar minder dan in Noord-Europa (2,7%).

Leiders. De toegevoegde waarde van de constructie in Oost-Europa in de jaren 2010 bestond uit: Rusland (58,1%), Polen (18,0%), Roemenië (6,3%), Tsjechië (5,8%), Slowakije (3,6%), en andere (8,3%). Het aandeel van de constructie in economie van de leiders: Slowakije (8,1%), Polen (7,7%), Rusland (7,4%), Roemenië (7,1%) en Tsjechië (5,9%). De bouw per hoofd in Oost-Europa onder de leiders: Slowakije ($1.299,7), Tsjechië ($1.079,8), Polen ($932,6), Rusland ($793,7) en Roemenië ($627,1). De groei van de constructie onder de leiders: Polen (2,8%), Rusland (1,8%), Slowakije (-0,097%), Tsjechië (-0,54%) en Roemenië (-2,2%).

Hoofdstuk VII. Vervoer

Transport, opslag en communicatie (ISIC I)

Het transport van Oost-Europa steeg van US$36,5 miljard per jaar in de jaren 1970 tot US$263,8 miljard per jaar in de jaren 2010, dat wil zeggen met US$227,3 miljard of 7,2 keer. De verandering vond plaats op US$197,5 miljard als gevolg van een 4,0-voudige stijging van de prijzen, en ook op US$34,9 miljard als gevolg van een 2,1-voudige toename van de productiviteit , evenals op -US$5,1 miljard als gevolg van de afname van de bevolking. De gemiddelde jaarlijkse groei van het transport is 2,3%. De minimumwaarde van het transport bedroeg US$22,9 miljard in 1970. De maximumwaarde van het transport bedroeg US$306,0 miljard in 2013.

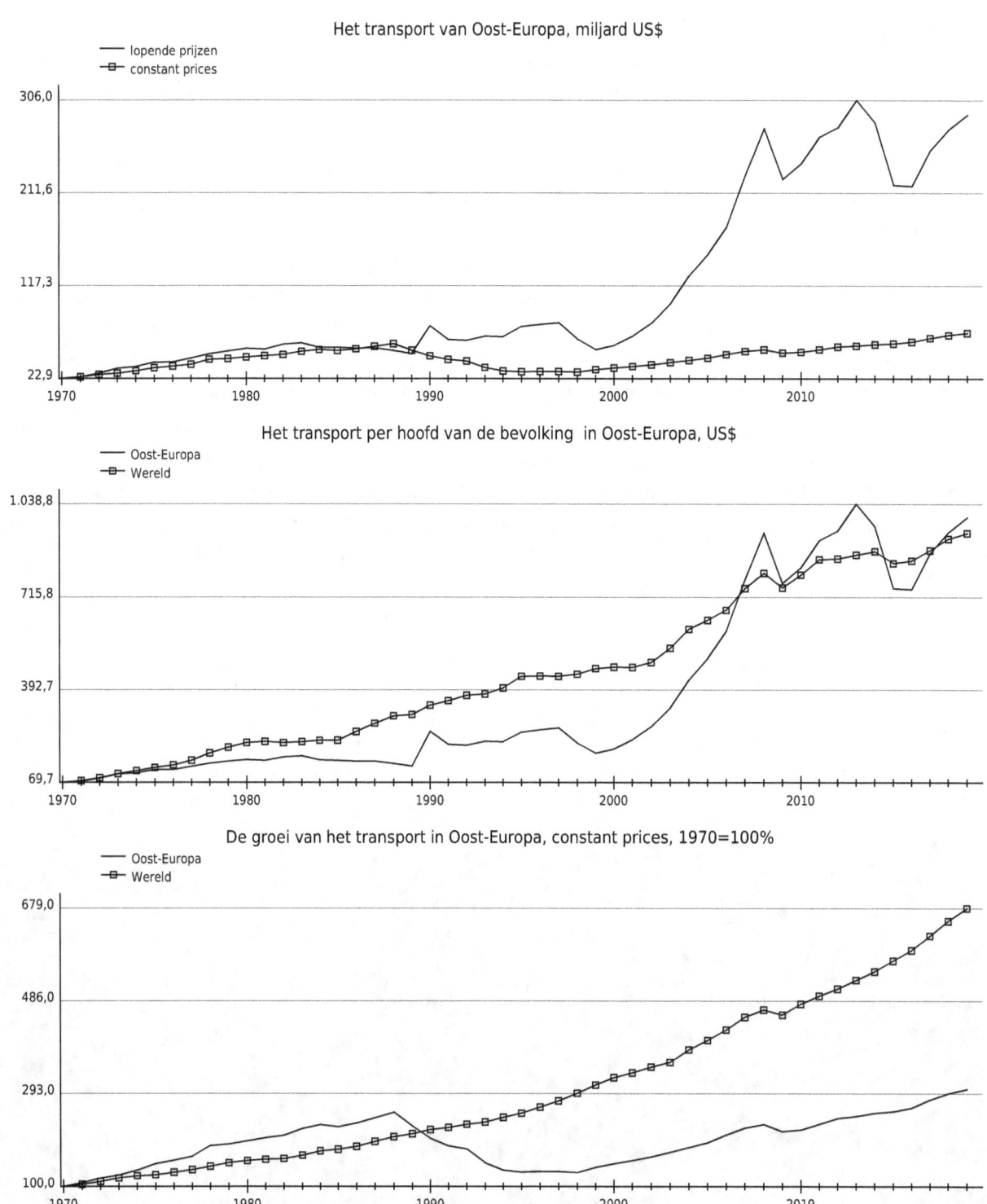

Het transport van Oost-Europa, miljard US$

Het transport per hoofd van de bevolking in Oost-Europa, US$

De groei van het transport in Oost-Europa, constant prices, 1970=100%

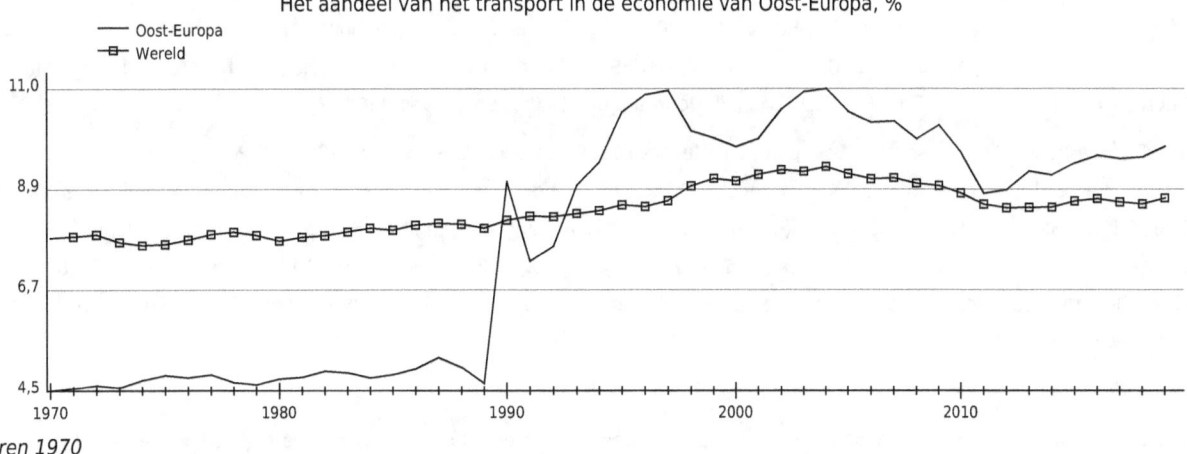

Het aandeel van het transport in de economie van Oost-Europa, %

de jaren 1970

De sector van het transport in Oost-Europa bedroeg in de jaren 1970 US$36,5 miljard per jaar. Het aandeel in de wereld was 7,4%, en 20,3% in Europa.

Het aandeel van het transport in de economie van Oost-Europa was 4,7% in de jaren 1970, en was vergelijkbaar met Bhutan (4,7%), Myanmar (4,7%).

De waarde van het transport per hoofd in Oost-Europa was $106,8 in de jaren 1970s, en was vergelijkbaar met West-Afrika (US$106,1), Hongarije (US$105,7), Panama (US$105,7). De waarde van het transport per hoofd in Oost-Europa was 12,7% lager dan het transport per hoofd van de bevolking in de wereld ($122,3), en was in 2,3 keer lager dan het transport per hoofd van de bevolking in Europa ($122,3).

De groei van het transport in Oost-Europa bedroeg 7.3% in de jaren 1970, en was vergelijkbaar met Malawi (7,3%), Venezuela (7,3%), Lesotho (7,3%). De groei van het transport in Oost-Europa (7,3%) was groter dan de groei van het transport in de wereld (4,6%), was groter dan de groei van het transport in Europa (4,3%).

Vergelijking met subregio's. De waarde van het transport in Oost-Europa was groter dan in Zuid-Europa (US$29,3 miljard); maar minder dan in West-Europa (US$74,3 miljard) en in Noord-Europa (US$40,0 miljard). De toegevoegde waarde van het transport per hoofd in Oost-Europa was in Oost-Europa minder dan in Noord-Europa (US$492,2), in West-Europa (US$437,2) en in Zuid-Europa (US$221,0). De groei van het transport in Oost-Europa was groter dan in Zuid-Europa (5,4%), in West-Europa (3,0%) en in Noord-Europa (2,5%).

Leiders. De sector van het transport in Oost-Europa in de jaren 1970 bestond uit: Sovjet-Unie (78,8%), Polen (7,1%), Tsjecho-Slowakije (4,6%), Bulgarije (3,5%), Hongarije (3,1%), en andere (2,9%). Het aandeel van het transport in economie van de leiders: Bulgarije (11,3%), Hongarije (9,1%), Tsjecho-Slowakije (6,0%), Polen (5,4%) en Sovjet-Unie (4,4%). Het transport per hoofd in Oost-Europa onder de leiders: Bulgarije ($146,1), Tsjecho-Slowakije ($114,1), Sovjet-Unie ($114,0), Hongarije ($105,7) en Polen ($76,9). De groei van het transport onder de leiders: Sovjet-Unie (8,1%), Bulgarije (7,0%), Polen (6,0%), Hongarije (5,4%) en Tsjecho-Slowakije (4,4%).

de jaren 1980

Het transport van Oost-Europa bedroeg in de jaren 1980 US$53,9 miljard per jaar, en was vergelijkbaar met het Verenigd Koninkrijk (US$53,0 miljard). Het aandeel in de wereld was 4,6%, en 14,2% in Europa.

Het aandeel van het transport in de economie van Oost-Europa was 4,9% in de jaren 1980, en was vergelijkbaar met Algerije (4,9%).

De toegevoegde waarde van het transport per hoofd in Oost-Europa was $145,6 in de jaren 1980s, en was vergelijkbaar met Uruguay (US$144,3), Saint Vincent en de Grenadines (US$147,5), de Sovjet-Unie (US$142,2). De waarde van het transport per hoofd in Oost-Europa was 39,8% lager dan het transport per hoofd van de bevolking in de wereld ($242,0), en was in 3,4 keer lager dan het transport per hoofd van de bevolking in Europa ($242,0).

De groei van het transport in Oost-Europa bedroeg 1.8% in de jaren 1980, en was vergelijkbaar met de Sovjet-Unie (1,8%), Albanië (1,8%), Duitsland (1,8%). De groei van het transport in Oost-Europa (1,8%) was minder dan de groei van het transport in de wereld (3,4%), was minder dan de groei van het transport in Europa (2,8%).

Vergelijking met subregio's. De sector van het transport in Oost-Europa was minder dan in West-Europa (US$157,2 miljard), in Noord-Europa (US$88,0 miljard) en in Zuid-Europa (US$80,5 miljard). Het transport per hoofd in Oost-Europa was in Oost-Europa minder dan in Noord-Europa (US$1.063,5), in West-Europa (US$906,4) en in Zuid-Europa (US$569,9). De groei van het transport in Oost-Europa was minder dan in Zuid-Europa (3,3%), in Noord-Europa (3,0%) en in West-Europa (3,0%).

Leiders. De waarde van het transport in Oost-Europa in de jaren 1980 bestond uit: Sovjet-Unie (72,6%), Polen (7,0%), Tsjecho-Slowakije (6,8%), Roemenië (5,8%), Bulgarije (3,9%), en andere (3,9%). Het aandeel van het transport in economie van de leiders: Bulgarije (13,1%), Tsjecho-Slowakije (7,0%), Roemenië (6,8%), Polen (5,4%) en Sovjet-Unie (4,4%). De waarde van het transport per hoofd in Oost-Europa onder de leiders: Tsjecho-Slowakije ($237,2), Bulgarije ($235,0), Sovjet-Unie ($142,2), Roemenië ($135,8) en Polen ($102,6). De groei van het transport onder de leiders: Bulgarije (4,9%), Roemenië (4,8%), Polen (1,9%), Sovjet-Unie (1,8%) en Tsjecho-Slowakije (-0,40%).

de jaren 1990

De toegevoegde waarde van het transport in Oost-Europa bedroeg in de jaren 1990 US$68,1 miljard per jaar. Het aandeel in de wereld was 2,9%, en 8,7% in Europa.

Het aandeel van het transport in de economie van Oost-Europa was 9,4% in de jaren 1990, en was vergelijkbaar met Zuidelijk Afrika (9,4%), Oceanië (9,4%), de Maldiven (9,4%).

De waarde van het transport per hoofd in Oost-Europa was $220,5 in de jaren 1990s, en was vergelijkbaar met Polen (US$222,1). De toegevoegde waarde van het transport per hoofd in Oost-Europa was 46,2% lager dan het transport per hoofd van de bevolking in de wereld ($409,5), en was in 4,9 keer lager dan het transport per hoofd van de bevolking in Europa ($409,5).

De groei van het transport in Oost-Europa bedroeg -4.6% in de jaren 1990. De groei van het transport in Oost-Europa (-4,6%) was minder dan de groei van het transport in de wereld (4,0%), was minder dan de groei van het transport in Europa (2,4%).

Vergelijking met subregio's. De sector van het transport in Oost-Europa was minder dan in West-Europa (US$359,1 miljard), in Noord-Europa (US$191,6 miljard) en in Zuid-Europa (US$166,1 miljard). De sector van het transport per hoofd in Oost-Europa was in Oost-Europa minder dan in Noord-Europa (US$2,1 duizend), in West-Europa (US$1.984,9) en in Zuid-Europa (US$1.152,7). De groei van het transport in Oost-Europa was minder dan in Noord-Europa (4,6%), in West-Europa (3,8%) en in Zuid-Europa (3,2%).

Leiders. Het transport van Oost-Europa in de jaren 1990 bestond uit: Rusland (56,4%), Polen (12,5%), Oekraïne (9,0%), Tsjechië (6,6%), Hongarije (5,3%), en andere (10,1%). Het aandeel van het transport in economie van de leiders: Oekraïne (10,3%), Rusland (9,8%), Tsjechië (9,7%), Hongarije (9,6%) en Polen (7,5%). Het vervoer per hoofd in Oost-Europa onder de leiders: Tsjechië ($436,4), Hongarije ($347,6), Rusland ($259,8), Polen ($222,1) en Oekraïne ($121,0). De groei van het transport onder de leiders: Polen (3,2%), Tsjechië (1,4%), Hongarije (-1,5%), Rusland (-7,1%) en Oekraïne (-15,5%).

de jaren 2000

De sector van het transport in Oost-Europa bedroeg in de jaren 2000 US$148,6 miljard per jaar, en was vergelijkbaar met Italië (US$151,8 miljard). Het aandeel in de wereld was 3,7%, en 11,0% in Europa.

Het aandeel van het transport in de economie van Oost-Europa was 10,3% in de jaren 2000, en was vergelijkbaar met Soedan (10,3%), het Verenigd Koninkrijk (10,3%), Zuidelijk Afrika (10,3%).

De sector van het transport per hoofd in Oost-Europa was $497,7 in de jaren 2000s, en was vergelijkbaar met Uruguay (US$493,5). Het transport per hoofd in Oost-Europa was 19,9% lager dan het transport per hoofd van de bevolking in de wereld ($621,1), en was in 3,7 keer lager dan het transport per hoofd van de bevolking in Europa ($621,1).

De groei van het transport in Oost-Europa bedroeg 4.4% in de jaren 2000, en was vergelijkbaar met Oost-Azië (4,3%). De groei van het transport in Oost-Europa (4,4%) was groter dan de groei van het transport in de wereld (3,9%), was groter dan de groei van het transport in Europa (3,1%).

Vergelijking met subregio's. Het vervoer van Oost-Europa was minder dan in West-Europa (US$566,9 miljard), in Noord-Europa (US$350,7 miljard) en in Zuid-Europa (US$286,1 miljard). De sector van het transport per hoofd in Oost-Europa was in Oost-Europa minder dan in Noord-Europa (US$3,6 duizend), in West-Europa (US$3,0 duizend) en in Zuid-Europa (US$1.921,0). De groei van het transport in Oost-Europa was groter dan in Noord-Europa (3,1%), in West-Europa (2,9%) en in Zuid-Europa (2,8%).

Leiders. De waarde van het transport in Oost-Europa in de jaren 2000 bestond uit: Rusland (43,9%), Polen (18,2%), Tsjechië (9,7%), Roemenië (8,1%), Oekraïne (6,7%), en andere (13,4%). Het aandeel van het transport in economie van de leiders: Roemenië (13,0%), Oekraïne (12,6%), Tsjechië (11,7%), Polen (10,0%) en Rusland (9,5%). De waarde van het transport per hoofd in Oost-Europa onder de leiders: Tsjechië ($1.401,8), Polen ($704,3), Roemenië ($564,3), Rusland ($452,0) en Oekraïne ($210,2). De groei van het transport onder de leiders: Roemenië (6,9%), Oekraïne (6,6%), Rusland (4,7%), Polen (4,2%) en Tsjechië (2,3%).

de jaren 2010

De sector van het transport in Oost-Europa bedroeg in de jaren 2010 US$263,8 miljard per jaar, en was vergelijkbaar met het Verenigd Koninkrijk (US$257,7 miljard). Het aandeel in de wereld was 4,2%, en 14,6% in Europa.

Het aandeel van het transport in de economie van Oost-Europa was 9,3% in de jaren 2010, en was vergelijkbaar met Italië (9,3%), Noorwegen (9,3%), West-Europa (9,3%).

De toegevoegde waarde van het transport per hoofd in Oost-Europa was $896,5 in de jaren 2010s, en was vergelijkbaar met Costa Rica (US$899,2), Saint Lucia (US$907,4), Grenada (US$910,2). De sector van het transport per hoofd in Oost-Europa was 3,7% hoger dan het transport per hoofd van de bevolking in de wereld ($864,8), en was in 2,7 keer lager dan het transport per hoofd van de bevolking in Europa ($864,8).

De groei van het transport in Oost-Europa bedroeg 3.5% in de jaren 2010, en was vergelijkbaar met Congo-Kinshasa (3,5%), de Turks- en Caicoseilanden (3,5%). De groei van het transport in Oost-Europa (3,5%) was minder dan de groei van het transport in de wereld (4,0%), was groter dan de groei van het transport in Europa (2,6%).

Vergelijking met subregio's. De sector van het transport in Oost-Europa was 2,8 keer minder dan in West-Europa (US$747,3 miljard), 42,7% minder dan in Noord-Europa (US$460,8 miljard) en 20,1% minder dan in Zuid-Europa (US$330,3 miljard). De sector van het transport per hoofd in Oost-Europa was in Oost-Europa5,0 keer minder dan in Noord-Europa (US$4,5 duizend), 4,3 keer minder dan in West-Europa (US$3,9 duizend) en 2,4 keer minder dan in Zuid-Europa (US$2,2 duizend). De groei van het transport in Oost-Europa was groter dan in West-Europa (2,5%) en in Zuid-Europa (0,89%); maar minder dan in Noord-Europa (3,6%).

Leiders. De sector van het transport in Oost-Europa in de jaren 2010 bestond uit: Rusland (46,3%), Polen (18,1%), Roemenië (8,3%), Tsjechië (8,2%), Oekraïne (5,4%), en andere (13,5%). Het aandeel van het transport in economie van de leiders: Roemenië (12,5%), Oekraïne (12,1%), Tsjechië (11,1%), Polen (10,4%) en Rusland (7,8%). Het vervoer per hoofd in Oost-Europa onder de leiders: Tsjechië ($2.049,1), Polen ($1.257,0), Roemenië ($1.103,0), Rusland ($844,4) en Oekraïne ($319,2). De groei van het transport onder de leiders: Roemenië (6,1%), Polen (5,6%), Tsjechië (2,7%), Rusland (2,0%) en Oekraïne (1,4%).

Hoofdstuk VIII. Handel

Groothandel, detailhandel, restaurants en hotels (ISIC G-H)

De sector van de handel in Oost-Europa steeg van US$72,7 miljard per jaar in de jaren 1970 tot US$473,6 miljard per jaar in de jaren 2010, dat wil zeggen met US$400,9 miljard of 6,5 keer. De verandering vond plaats op US$270,5 miljard als gevolg van een 2,3-voudige stijging van de prijzen, en ook op US$140,5 miljard als gevolg van een 3,2-voudige toename van de productiviteit , evenals op -US$10,1 miljard als gevolg van de afname van de bevolking. De gemiddelde jaarlijkse groei van de handel is 2,8%. De minimumwaarde van de handel bedroeg US$40,8 miljard in 1970. De maximumwaarde van de handel bedroeg US$546,0 miljard in 2013.

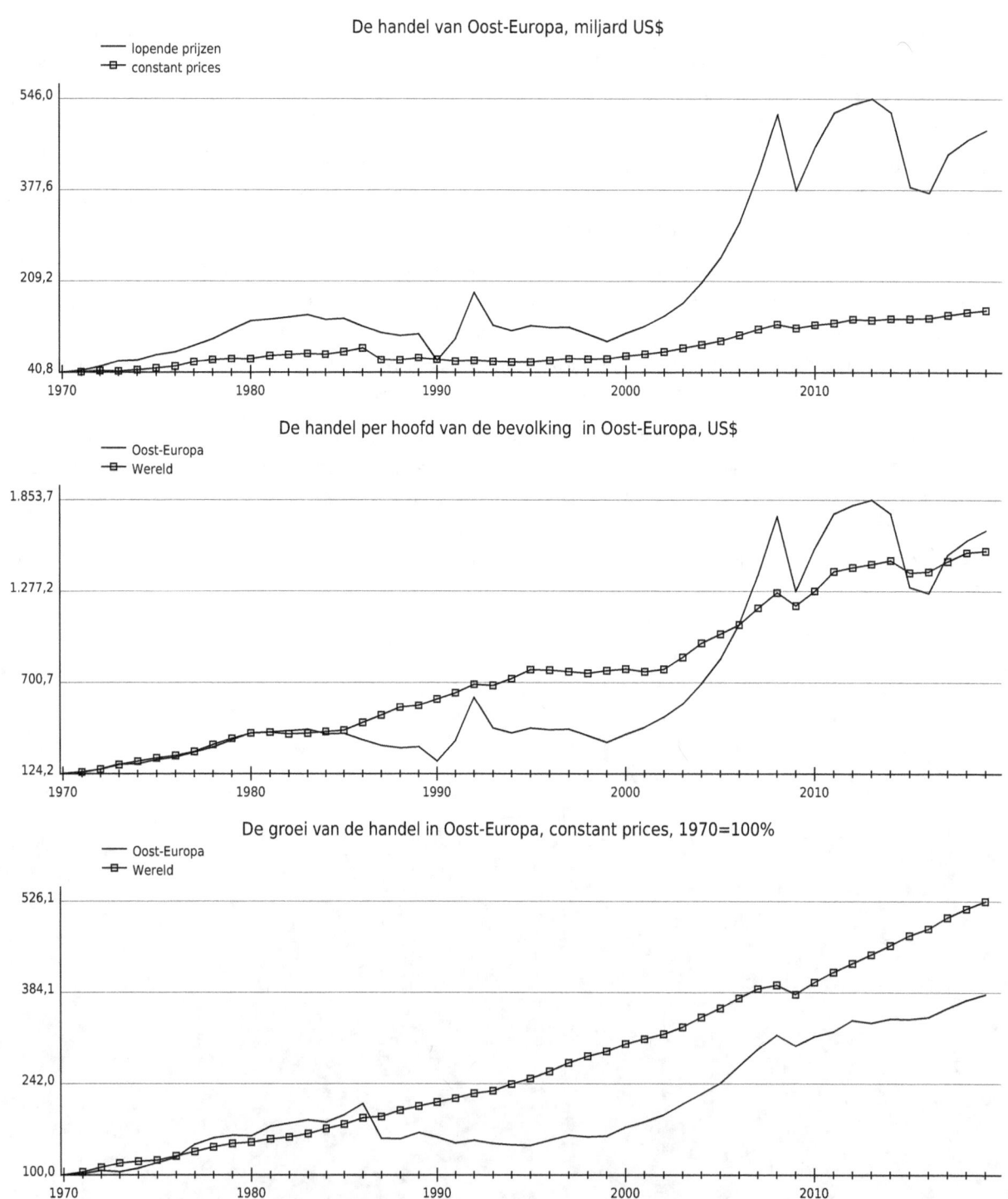

De handel van Oost-Europa, miljard US$

De handel per hoofd van de bevolking in Oost-Europa, US$

De groei van de handel in Oost-Europa, constant prices, 1970=100%

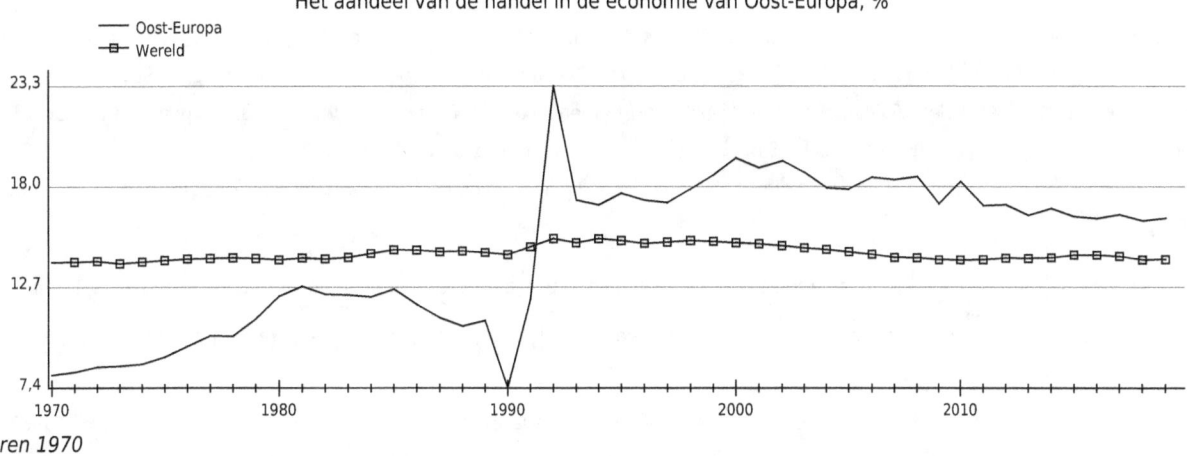

Het aandeel van de handel in de economie van Oost-Europa, %

de jaren 1970

De sector van de handel in Oost-Europa bedroeg in de jaren 1970 US$72,7 miljard per jaar. Het aandeel in de wereld was 8,1%, en 22,3% in Europa.

Het aandeel van de handel in de economie van Oost-Europa was 9,4% in de jaren 1970, en was vergelijkbaar met Polen (9,4%).

De sector van de handel per hoofd in Oost-Europa was $212,7 in de jaren 1970s, en was vergelijkbaar met Gabon (US$213,2), Panama (US$214,6), Libië (US$216,1). De toegevoegde waarde van de handel per hoofd in Oost-Europa was 3,8% lager dan de handel per hoofd van de bevolking in de wereld ($221,0), en was in 2,1 keer lager dan de handel per hoofd van de bevolking in Europa ($221,0).

De groei van de handel in Oost-Europa bedroeg 5.5% in de jaren 1970, en was vergelijkbaar met Costa Rica (5,5%). De groei van de handel in Oost-Europa (5,5%) was groter dan de groei van de handel in de wereld (4,5%), was groter dan de groei van de handel in Europa (3,6%).

Vergelijking met subregio's. De handel van Oost-Europa was groter dan in Zuid-Europa (US$60,9 miljard) en in Noord-Europa (US$54,7 miljard); maar minder dan in West-Europa (US$138,3 miljard). De toegevoegde waarde van de handel per hoofd in Oost-Europa was in Oost-Europa minder dan in West-Europa (US$813,5), in Noord-Europa (US$672,7) en in Zuid-Europa (US$459,1). De groei van de handel in Oost-Europa was groter dan in Zuid-Europa (4,5%), in West-Europa (3,1%) en in Noord-Europa (2,1%).

Leiders. De waarde van de handel in Oost-Europa in de jaren 1970 bestond uit: Sovjet-Unie (85,7%), Polen (6,3%), Tsjecho-Slowakije (3,2%), Roemenië (1,7%), Bulgarije (1,6%), en andere (1,4%). Het aandeel van de handel in economie van de leiders: Bulgarije (10,4%), Sovjet-Unie (9,6%), Polen (9,4%), Tsjecho-Slowakije (8,4%) en Roemenië (5,7%). De waarde van de handel per hoofd in Oost-Europa onder de leiders: Sovjet-Unie ($247,1), Tsjecho-Slowakije ($159,4), Polen ($135,7), Bulgarije ($134,2) en Roemenië ($57,9). De groei van de handel onder de leiders: Roemenië (10,2%), Bulgarije (7,0%), Tsjecho-Slowakije (6,6%), Polen (6,0%) en Sovjet-Unie (5,2%).

de jaren 1980

De waarde van de handel in Oost-Europa bedroeg in de jaren 1980 US$130,6 miljard per jaar, en was vergelijkbaar met Noord-Europa (US$128,0 miljard). Het aandeel in de wereld was 6,2%, en 18,5% in Europa.

Het aandeel van de handel in de economie van Oost-Europa was 11,9% in de jaren 1980, en was vergelijkbaar met Zuidwest-Azië (11,9%), Zuid-Amerika (11,9%), Mali (11,9%).

De handel per hoofd in Oost-Europa was $352,7 in de jaren 1980s, en was vergelijkbaar met Panama (US$360,2). De toegevoegde waarde van de handel per hoofd in Oost-Europa was 19,4% lager dan de handel per hoofd van de bevolking in de wereld ($437,7), en was in 2,6 keer lager dan de handel per hoofd van de bevolking in Europa ($437,7).

De groei van de handel in Oost-Europa bedroeg 0.3% in de jaren 1980. De groei van de handel in Oost-Europa (0,27%) was minder dan de groei van de handel in de wereld (3,3%), was minder dan de groei van de handel in Europa (1,9%).

Vergelijking met subregio's. De toegevoegde waarde van de handel in Oost-Europa was groter dan in Noord-Europa (US$128,0 miljard); maar minder dan in West-Europa (US$283,2 miljard) en in Zuid-Europa (US$165,5 miljard). De sector van de handel per hoofd in Oost-Europa was in Oost-Europa minder dan in West-Europa (US$1.633,0), in Noord-Europa (US$1.546,7) en in Zuid-Europa (US$1.171,5). De groei van de handel in Oost-Europa was minder dan in Noord-Europa (2,7%), in West-Europa (2,1%) en in

Zuid-Europa (1,7%).

Leiders. De waarde van de handel in Oost-Europa in de jaren 1980 bestond uit: Sovjet-Unie (86,0%), Polen (5,1%), Tsjecho-Slowakije (4,5%), Roemenië (2,0%), Hongarije (1,6%). Het aandeel van de handel in economie van de leiders: Sovjet-Unie (12,7%), Tsjecho-Slowakije (11,1%), Polen (9,4%), Hongarije (8,6%) en Roemenië (5,7%). De waarde van de handel per hoofd in Oost-Europa onder de leiders: Sovjet-Unie ($408,1), Tsjecho-Slowakije ($375,3), Hongarije ($194,8), Polen ($180,5) en Roemenië ($112,8). De groei van de handel onder de leiders: Tsjecho-Slowakije (3,8%), Roemenië (2,5%), Polen (1,6%), Hongarije (0,77%) en Sovjet-Unie (-0,62%).

de jaren 1990

De handel van Oost-Europa bedroeg in de jaren 1990 US$118,4 miljard per jaar. Het aandeel in de wereld was 2,9%, en 9,1% in Europa.

Het aandeel van de handel in de economie van Oost-Europa was 16,3% in de jaren 1990, en was vergelijkbaar met Nigeria (16,3%), Djibouti (16,4%), Zwitserland (16,4%).

De waarde van de handel per hoofd in Oost-Europa was $383,5 in de jaren 1990s, en was vergelijkbaar met Estland (US$377,4), Slowakije (US$389,7). De sector van de handel per hoofd in Oost-Europa was 46,9% lager dan de handel per hoofd van de bevolking in de wereld ($721,8), en was in 4,7 keer lager dan de handel per hoofd van de bevolking in Europa ($721,8).

De groei van de handel in Oost-Europa bedroeg -0.3% in de jaren 1990. De groei van de handel in Oost-Europa (-0,33%) was minder dan de groei van de handel in de wereld (3,5%), was minder dan de groei van de handel in Europa (2,0%).

Vergelijking met subregio's. De waarde van de handel in Oost-Europa was minder dan in West-Europa (US$585,9 miljard), in Zuid-Europa (US$341,6 miljard) en in Noord-Europa (US$260,7 miljard). De toegevoegde waarde van de handel per hoofd in Oost-Europa was in Oost-Europa minder dan in West-Europa (US$3,2 duizend), in Noord-Europa (US$2,8 duizend) en in Zuid-Europa (US$2,4 duizend). De groei van de handel in Oost-Europa was minder dan in Noord-Europa (2,9%), in West-Europa (2,3%) en in Zuid-Europa (1,8%).

Leiders. De handel van Oost-Europa in de jaren 1990 bestond uit: Rusland (62,4%), Polen (17,7%), Tsjechië (5,4%), Oekraïne (3,8%), Hongarije (3,6%), en andere (7,1%). Het aandeel van de handel in economie van de leiders: Rusland (18,8%), Polen (18,5%), Tsjechië (13,7%), Hongarije (11,5%) en Oekraïne (7,5%). De sector van de handel per hoofd in Oost-Europa onder de leiders: Tsjechië ($615,2), Polen ($547,6), Rusland ($499,6), Hongarije ($416,1) en Oekraïne ($88,4). De groei van de handel onder de leiders: Polen (4,8%), Tsjechië (-0,12%), Hongarije (-1,8%), Rusland (-1,9%) en Oekraïne (-12,5%).

de jaren 2000

De sector van de handel in Oost-Europa bedroeg in de jaren 2000 US$263,3 miljard per jaar, en was vergelijkbaar met China (US$262,0 miljard), Frankrijk (US$256,9 miljard). Het aandeel in de wereld was 4,1%, en 13,0% in Europa.

Het aandeel van de handel in de economie van Oost-Europa was 18,3% in de jaren 2000, en was vergelijkbaar met Portugal (18,3%), Montenegro (18,3%), Cyprus (18,2%).

De handel per hoofd in Oost-Europa was $881,6 in de jaren 2000s, en was vergelijkbaar met Mauritius (US$890,4), Suriname (US$871,7). De toegevoegde waarde van de handel per hoofd in Oost-Europa was 11,0% lager dan de handel per hoofd van de bevolking in de wereld ($990,3), en was in 3,1 keer lager dan de handel per hoofd van de bevolking in Europa ($990,3).

De groei van de handel in Oost-Europa bedroeg 6.5% in de jaren 2000, en was vergelijkbaar met Roemenië (6,5%), Maleisië (6,5%). De groei van de handel in Oost-Europa (6,5%) was groter dan de groei van de handel in de wereld (2,7%), was groter dan de groei van de handel in Europa (2,2%).

Vergelijking met subregio's. De handel van Oost-Europa was minder dan in West-Europa (US$812,0 miljard), in Zuid-Europa (US$513,0 miljard) en in Noord-Europa (US$437,3 miljard). De sector van de handel per hoofd in Oost-Europa was in Oost-Europa minder dan in Noord-Europa (US$4,5 duizend), in West-Europa (US$4,3 duizend) en in Zuid-Europa (US$3,4 duizend). De groei van de handel in Oost-Europa was groter dan in Noord-Europa (1,7%), in West-Europa (1,7%) en in Zuid-Europa (1,3%).

Leiders. De toegevoegde waarde van de handel in Oost-Europa in de jaren 2000 bestond uit: Rusland (54,6%), Polen (20,6%), Tsjechië (6,4%), Oekraïne (4,4%), Roemenië (4,4%), en andere (9,6%). Het aandeel van de handel in economie van de leiders: Rusland (20,9%), Polen (20,0%), Oekraïne (14,8%), Tsjechië (13,7%) en Roemenië (12,3%). De handel per hoofd in Oost-Europa onder de leiders: Tsjechië ($1.645,7), Polen ($1.412,2), Rusland ($995,4), Roemenië ($536,4) en Oekraïne ($246,8). De groei van de handel onder de leiders: Oekraïne (9,4%), Rusland (8,4%), Roemenië (6,5%), Polen (3,6%) en Tsjechië (3,4%).

de jaren 2010

De waarde van de handel in Oost-Europa bedroeg in de jaren 2010 US$473,6 miljard per jaar. Het aandeel in de wereld was 4,5%, en 17,6% in Europa.

Het aandeel van de handel in de economie van Oost-Europa was 16,7% in de jaren 2010, en was vergelijkbaar met Japan (16,7%), de Centraal-Afrikaanse Republiek (16,7%), Benin (16,7%).

De handel per hoofd in Oost-Europa was $1.609,1 in de jaren 2010s, en was vergelijkbaar met Chili (US$1.619,1), Mauritius (US$1.622,3), Turkije (US$1.573,6). De toegevoegde waarde van de handel per hoofd in Oost-Europa was 12,0% hoger dan de handel per hoofd van de bevolking in de wereld ($1.436,8), en was in 2,2 keer lager dan de handel per hoofd van de bevolking in Europa ($1.436,8).

De groei van de handel in Oost-Europa bedroeg 2.4% in de jaren 2010. De groei van de handel in Oost-Europa (2,4%) was minder dan de groei van de handel in de wereld (3,3%), was groter dan de groei van de handel in Europa (2,0%).

Vergelijking met subregio's. De toegevoegde waarde van de handel in Oost-Europa was 2,2 keer minder dan in West-Europa (US$1,1 biljoen), 23,3% minder dan in Zuid-Europa (US$617,3 miljard) en 12,2% minder dan in Noord-Europa (US$539,6 miljard). De toegevoegde waarde van de handel per hoofd in Oost-Europa was in Oost-Europa3,4 keer minder dan in West-Europa (US$5,5 duizend), 3,3 keer minder dan in Noord-Europa (US$5,2 duizend) en 2,5 keer minder dan in Zuid-Europa (US$4,0 duizend). De groei van de handel in Oost-Europa was groter dan in West-Europa (1,8%) en in Zuid-Europa (1,4%); maar minder dan in Noord-Europa (2,9%).

Leiders. De waarde van de handel in Oost-Europa in de jaren 2010 bestond uit: Rusland (58,5%), Polen (18,9%), Tsjechië (5,3%), Oekraïne (4,3%), Roemenië (4,0%), en andere (9,0%). Het aandeel van de handel in economie van de leiders: Polen (19,4%), Rusland (17,7%), Oekraïne (17,1%), Tsjechië (12,8%) en Roemenië (10,8%). De toegevoegde waarde van de handel per hoofd in Oost-Europa onder de leiders: Tsjechië ($2.353,4), Polen ($2.347,1), Rusland ($1.914,6), Roemenië ($952,6) en Oekraïne ($451,6). De groei van de handel onder de leiders: Roemenië (8,1%), Tsjechië (3,5%), Polen (3,2%), Rusland (1,7%) en Oekraïne (-0,59%).

Hoofdstuk IX. Diensten

(ISIC J-P)

De sector van de diensten in Oost-Europa steeg van US$196,0 miljard per jaar in de jaren 1970 tot US$1,0 biljoen per jaar in de jaren 2010, dat wil zeggen met US$837,7 miljard of 5,3 keer. De verandering vond plaats op US$471,2 miljard als gevolg van een 1,8-voudige stijging van de prijzen, en ook op US$393,7 miljard als gevolg van een 3,3-voudige toename van de productiviteit , evenals op -US$27,1 miljard als gevolg van de afname van de bevolking. De gemiddelde jaarlijkse groei van de diensten is 2,6%. De minimumwaarde van de diensten bedroeg US$127,2 miljard in 1970. De maximumwaarde van de diensten bedroeg US$1,3 biljoen in 2013.

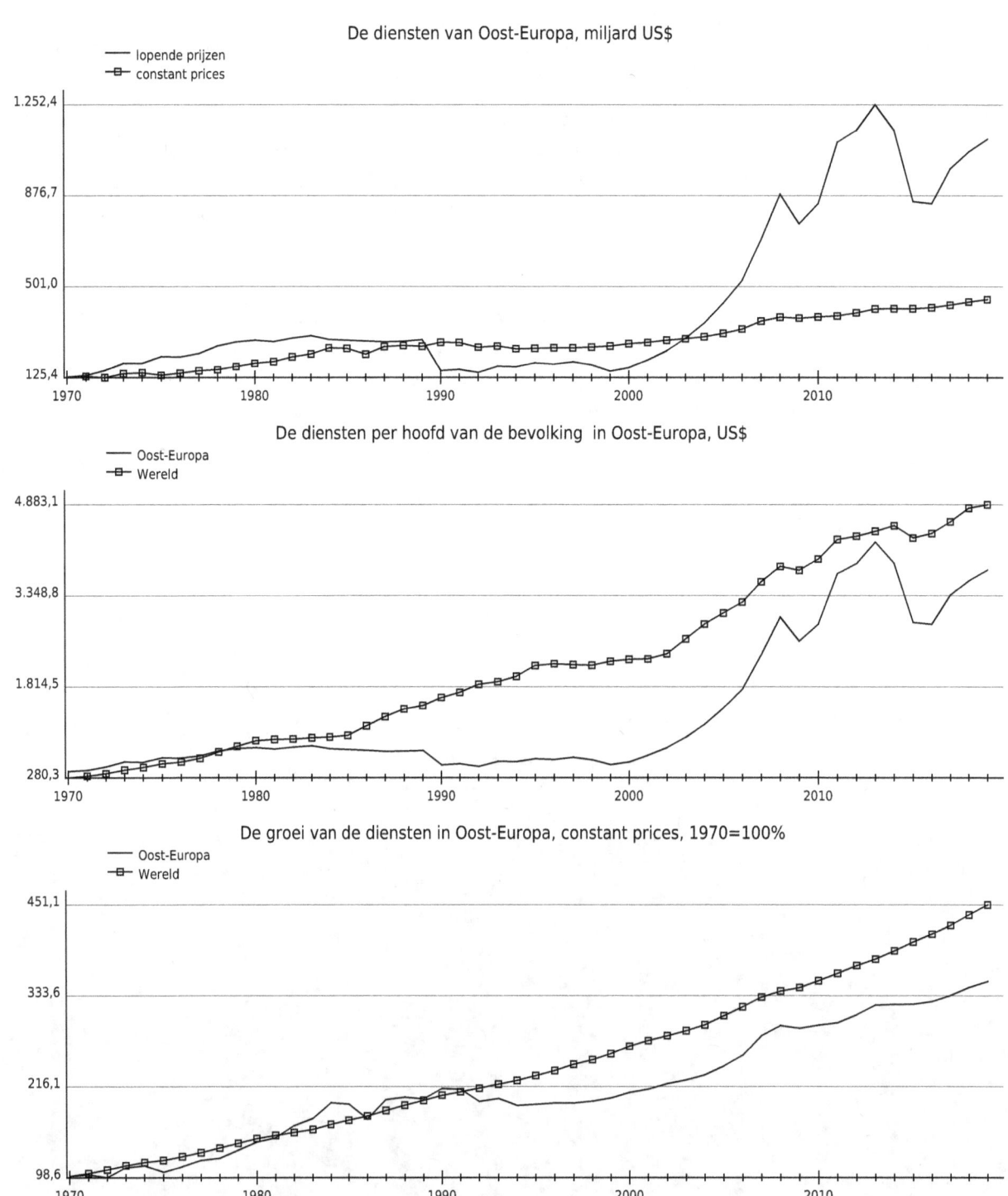

De diensten van Oost-Europa, miljard US$

De diensten per hoofd van de bevolking in Oost-Europa, US$

De groei van de diensten in Oost-Europa, constant prices, 1970=100%

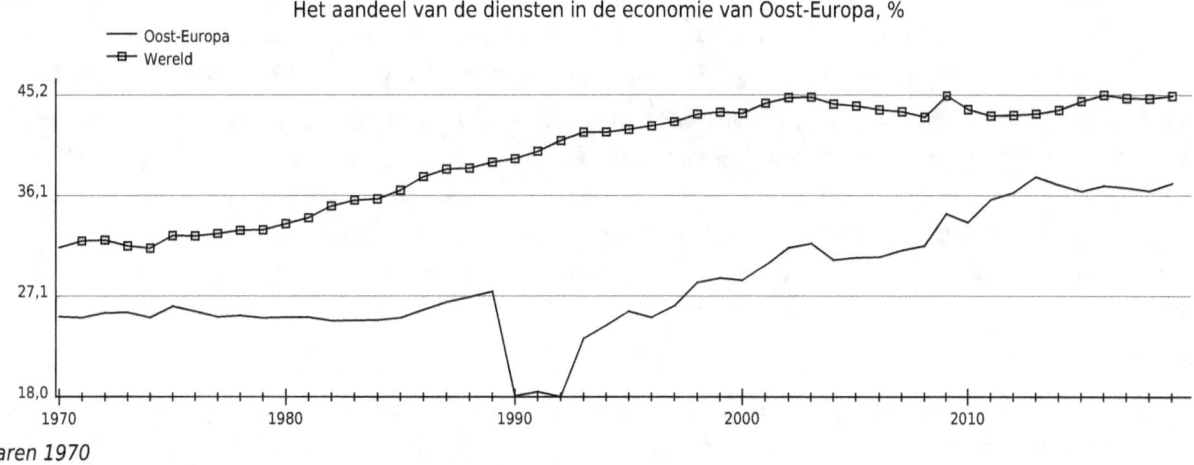

Het aandeel van de diensten in de economie van Oost-Europa, %

— Oost-Europa
–□– Wereld

de jaren 1970

De toegevoegde waarde van de diensten in Oost-Europa bedroeg in de jaren 1970 US$196,0 miljard per jaar. Het aandeel in de wereld was 9,6%, en 23,9% in Europa.

Het aandeel van de diensten in de economie van Oost-Europa was 25,4% in de jaren 1970, en was vergelijkbaar met Mexico (25,4%), Noord-Afrika (25,3%), Bhutan (25,3%).

De diensten per hoofd in Oost-Europa waren $573,9 in de jaren 1970s, en waren vergelijkbaar met Cyprus (US$582,6). De waarde van de diensten per hoofd in Oost-Europa was 13,2% hoger dan de diensten per hoofd van de bevolking in de wereld ($506,9), en was 49,2% lager dan de diensten per hoofd van de bevolking in Europa ($506,9).

De groei van de diensten in Oost-Europa bedroeg 3.3% in de jaren 1970, en was vergelijkbaar met Noord-Amerika (3,3%). De groei van de diensten in Oost-Europa (3,3%) was minder dan de groei van de diensten in de wereld (4,1%), was minder dan de groei van de diensten in Europa (3,7%).

Vergelijking met subregio's. De diensten van Oost-Europa waren groter dan in Noord-Europa (US$150,5 miljard) en in Zuid-Europa (US$112,9 miljard); maar minder dan in West-Europa (US$360,3 miljard). De toegevoegde waarde van de diensten per hoofd in Oost-Europa was in Oost-Europa minder dan in West-Europa (US$2,1 duizend), in Noord-Europa (US$1.852,3) en in Zuid-Europa (US$852,0). De groei van de diensten in Oost-Europa was groter dan in Noord-Europa (3,1%); maar minder dan in Zuid-Europa (4,0%) en in West-Europa (4,0%).

Leiders. De diensten van Oost-Europa in de jaren 1970 bestonden uit: Sovjet-Unie (85,8%), Tsjecho-Slowakije (5,0%), Polen (4,8%), Roemenië (2,0%), Hongarije (1,3%). Het aandeel van de diensten in economie van de leiders: Tsjecho-Slowakije (35,1%), Sovjet-Unie (25,9%), Hongarije (21,3%), Polen (19,5%) en Roemenië (17,9%). De sector van de diensten per hoofd in Oost-Europa onder de leiders: Tsjecho-Slowakije ($669,4), Sovjet-Unie ($667,3), Polen ($280,3), Hongarije ($246,2) en Roemenië ($183,0). De groei van de diensten onder de leiders: Roemenië (9,8%), Polen (5,9%), Hongarije (5,5%), Tsjecho-Slowakije (4,9%) en Sovjet-Unie (0,90%).

de jaren 1980

De toegevoegde waarde van de diensten in Oost-Europa bedroeg in de jaren 1980 US$281,0 miljard per jaar. Het aandeel in de wereld was 5,2%, en 14,9% in Europa.

Het aandeel van de diensten in de economie van Oost-Europa was 25,6% in de jaren 1980, en was vergelijkbaar met Costa Rica (25,6%), Kiribati (25,6%), Oost-Afrika (25,6%).

De diensten per hoofd in Oost-Europa waren $759,1 in de jaren 1980s, en waren vergelijkbaar met Chili (US$766,6), de Caraïben (US$773,8). De diensten per hoofd in Oost-Europa waren 31,9% lager dan de diensten per hoofd van de bevolking in de wereld ($1.115,5), en waren in 3,2 keer lager dan de diensten per hoofd van de bevolking in Europa ($1.115,5).

De groei van de diensten in Oost-Europa bedroeg 4.1% in de jaren 1980, en was vergelijkbaar met Nigeria (4,1%), België (4,1%). De groei van de diensten in Oost-Europa (4,1%) was groter dan de groei van de diensten in de wereld (3,3%), was groter dan de groei van de diensten in Europa (3,0%).

Vergelijking met subregio's. De diensten van Oost-Europa waren minder dan in West-Europa (US$870,4 miljard), in Noord-Europa

(US$407,1 miljard) en in Zuid-Europa (US$321,6 miljard). De toegevoegde waarde van de diensten per hoofd in Oost-Europa was in Oost-Europa minder dan in West-Europa (US$5,0 duizend), in Noord-Europa (US$4,9 duizend) en in Zuid-Europa (US$2,3 duizend). De groei van de diensten in Oost-Europa was groter dan in Zuid-Europa (3,3%), in Noord-Europa (3,0%) en in West-Europa (2,7%).

Leiders. De waarde van de diensten in Oost-Europa in de jaren 1980 bestond uit: Sovjet-Unie (82,5%), Tsjecho-Slowakije (6,6%), Polen (4,9%), Roemenië (3,0%), Hongarije (2,1%). Het aandeel van de diensten in economie van de leiders: Tsjecho-Slowakije (35,1%), Sovjet-Unie (26,1%), Hongarije (24,8%), Polen (19,5%) en Roemenië (18,4%). De waarde van de diensten per hoofd in Oost-Europa onder de leiders: Tsjecho-Slowakije ($1.188,9), Sovjet-Unie ($842,7), Hongarije ($559,9), Polen ($373,6) en Roemenië ($365,9). De groei van de diensten onder de leiders: Sovjet-Unie (6,3%), Hongarije (5,0%), Roemenië (3,8%), Tsjecho-Slowakije (2,2%) en Polen (-0,64%).

de jaren 1990

De toegevoegde waarde van de diensten in Oost-Europa bedroeg in de jaren 1990 US$168,2 miljard per jaar, en was vergelijkbaar met de Nederland (US$168,7 miljard). Het aandeel in de wereld was 1,5%, en 4,4% in Europa.

Het aandeel van de diensten in de economie van Oost-Europa was 23,2% in de jaren 1990, en was vergelijkbaar met Turkije (23,1%), Azerbeidzjan (23,0%).

De diensten per hoofd in Oost-Europa waren $544,5 in de jaren 1990s, en waren vergelijkbaar met de Dominicaanse Republiek (US$541,8), Thailand (US$551,4), Paraguay (US$551,6). De sector van de diensten per hoofd in Oost-Europa was in 3,7 keer lager dan de diensten per hoofd van de bevolking in de wereld ($2.014,6), en was in 9,7 keer lager dan de diensten per hoofd van de bevolking in Europa ($2.014,6).

De groei van de diensten in Oost-Europa bedroeg 0.1% in de jaren 1990. De groei van de diensten in Oost-Europa (0,060%) was minder dan de groei van de diensten in de wereld (2,7%), was minder dan de groei van de diensten in Europa (2,1%).

Vergelijking met subregio's. De waarde van de diensten in Oost-Europa was minder dan in West-Europa (US$2,0 biljoen), in Noord-Europa (US$887,6 miljard) en in Zuid-Europa (US$769,9 miljard). De toegevoegde waarde van de diensten per hoofd in Oost-Europa was in Oost-Europa minder dan in West-Europa (US$11,1 duizend), in Noord-Europa (US$9,6 duizend) en in Zuid-Europa (US$5,3 duizend). De groei van de diensten in Oost-Europa was minder dan in Noord-Europa (2,7%), in West-Europa (2,5%) en in Zuid-Europa (1,6%).

Leiders. De waarde van de diensten in Oost-Europa in de jaren 1990 bestond uit: Rusland (42,4%), Polen (19,9%), Tsjechië (8,9%), Hongarije (8,7%), Oekraïne (7,3%), en andere (12,8%). Het aandeel van de diensten in economie van de leiders: Hongarije (39,0%), Tsjechië (32,1%), Polen (29,6%), Oekraïne (20,5%) en Rusland (18,2%). De diensten per hoofd in Oost-Europa onder de leiders: Tsjechië ($1.439,7), Hongarije ($1.408,7), Polen ($873,3), Rusland ($482,5) en Oekraïne ($241,9). De groei van de diensten onder de leiders: Tsjechië (2,0%), Polen (0,74%), Hongarije (0,63%), Rusland (-1,2%) en Oekraïne (-3,2%).

de jaren 2000

De sector van de diensten in Oost-Europa bedroeg in de jaren 2000 US$453,4 miljard per jaar. Het aandeel in de wereld was 2,3%, en 7,1% in Europa.

Het aandeel van de diensten in de economie van Oost-Europa was 31,4% in de jaren 2000, en was vergelijkbaar met Turkije (31,6%), Kaapverdië (31,2%).

De toegevoegde waarde van de diensten per hoofd in Oost-Europa was $1.518,0 in de jaren 2000s, en was vergelijkbaar met Cuba (US$1.512,0), Botswana (US$1.508,8), Gabon (US$1.527,9). De toegevoegde waarde van de diensten per hoofd in Oost-Europa was 49,6% lager dan de diensten per hoofd van de bevolking in de wereld ($3.011,2), en was in 5,8 keer lager dan de diensten per hoofd van de bevolking in Europa ($3.011,2).

De groei van de diensten in Oost-Europa bedroeg 3.8% in de jaren 2000, en was vergelijkbaar met Luxemburg (3,8%), Senegal (3,8%). De groei van de diensten in Oost-Europa (3,8%) was groter dan de groei van de diensten in de wereld (2,9%), was groter dan de groei van de diensten in Europa (2,0%).

Vergelijking met subregio's. De sector van de diensten in Oost-Europa was minder dan in West-Europa (US$3,0 biljoen), in Noord-Europa (US$1,6 biljoen) en in Zuid-Europa (US$1,4 biljoen). De sector van de diensten per hoofd in Oost-Europa was in Oost-Europa minder dan in Noord-Europa (US$16,8 duizend), in West-Europa (US$16,0 duizend) en in Zuid-Europa (US$9,2 duizend).

De groei van de diensten in Oost-Europa was groter dan in Noord-Europa (2,5%), in Zuid-Europa (2,2%) en in West-Europa (1,3%).

Leiders. De diensten van Oost-Europa in de jaren 2000 bestonden uit: Rusland (43,2%), Polen (20,6%), Tsjechië (9,6%), Hongarije (8,0%), Roemenië (5,7%), en andere (12,9%). Het aandeel van de diensten in economie van de leiders: Hongarije (41,7%), Tsjechië (35,1%), Polen (34,4%), Rusland (28,6%) en Roemenië (27,7%). De sector van de diensten per hoofd in Oost-Europa onder de leiders: Tsjechië ($4.199,7), Hongarije ($3.602,6), Polen ($2.436,0), Rusland ($1.357,8) en Roemenië ($1.203,2). De groei van de diensten onder de leiders: Rusland (4,3%), Polen (3,9%), Roemenië (3,1%), Hongarije (2,3%) en Tsjechië (1,6%).

de jaren 2010

De toegevoegde waarde van de diensten in Oost-Europa bedroeg in de jaren 2010 US$1,0 biljoen per jaar. Het aandeel in de wereld was 3,2%, en 11,4% in Europa.

Het aandeel van de diensten in de economie van Oost-Europa was 36,5% in de jaren 2010, en was vergelijkbaar met Roemenië (36,3%), Belize (36,3%), Melanesië (36,8%).

De diensten per hoofd in Oost-Europa waren $3.512,6 in de jaren 2010s. De sector van de diensten per hoofd in Oost-Europa was 21,4% lager dan de diensten per hoofd van de bevolking in de wereld ($4.467,8), en was in 3,5 keer lager dan de diensten per hoofd van de bevolking in Europa ($4.467,8).

De groei van de diensten in Oost-Europa bedroeg 1.9% in de jaren 2010, en was vergelijkbaar met Zuid-Amerika (1,9%), Uruguay (1,9%). De groei van de diensten in Oost-Europa (1,9%) was minder dan de groei van de diensten in de wereld (2,7%), was groter dan de groei van de diensten in Europa (1,3%).

Vergelijking met subregio's. De diensten van Oost-Europa waren 4,0 keer minder dan in West-Europa (US$4,1 biljoen), 2,1 keer minder dan in Noord-Europa (US$2,2 biljoen) en 41,7% minder dan in Zuid-Europa (US$1,8 biljoen). De sector van de diensten per hoofd in Oost-Europa was in Oost-Europa6,1 keer minder dan in West-Europa (US$21,3 duizend), 6,0 keer minder dan in Noord-Europa (US$20,9 duizend) en 3,3 keer minder dan in Zuid-Europa (US$11,6 duizend). De groei van de diensten in Oost-Europa was groter dan in Noord-Europa (1,7%), in West-Europa (1,4%) en in Zuid-Europa (0,45%).

Leiders. De sector van de diensten in Oost-Europa in de jaren 2010 bestond uit: Rusland (55,8%), Polen (15,3%), Tsjechië (7,1%), Roemenië (6,2%), Hongarije (4,8%), en andere (10,7%). Het aandeel van de diensten in economie van de leiders: Hongarije (42,3%), Tsjechië (37,3%), Rusland (37,0%), Roemenië (36,3%) en Polen (34,3%). De toegevoegde waarde van de diensten per hoofd in Oost-Europa onder de leiders: Tsjechië ($6.887,5), Hongarije ($5.110,4), Polen ($4.155,2), Rusland ($3.987,9) en Roemenië ($3.212,7). De groei van de diensten onder de leiders: Polen (3,1%), Roemenië (2,6%), Hongarije (2,3%), Tsjechië (2,1%) en Rusland (1,5%).

Part III. Externe betrekkingen

Netto-uitvoer in BBP, %

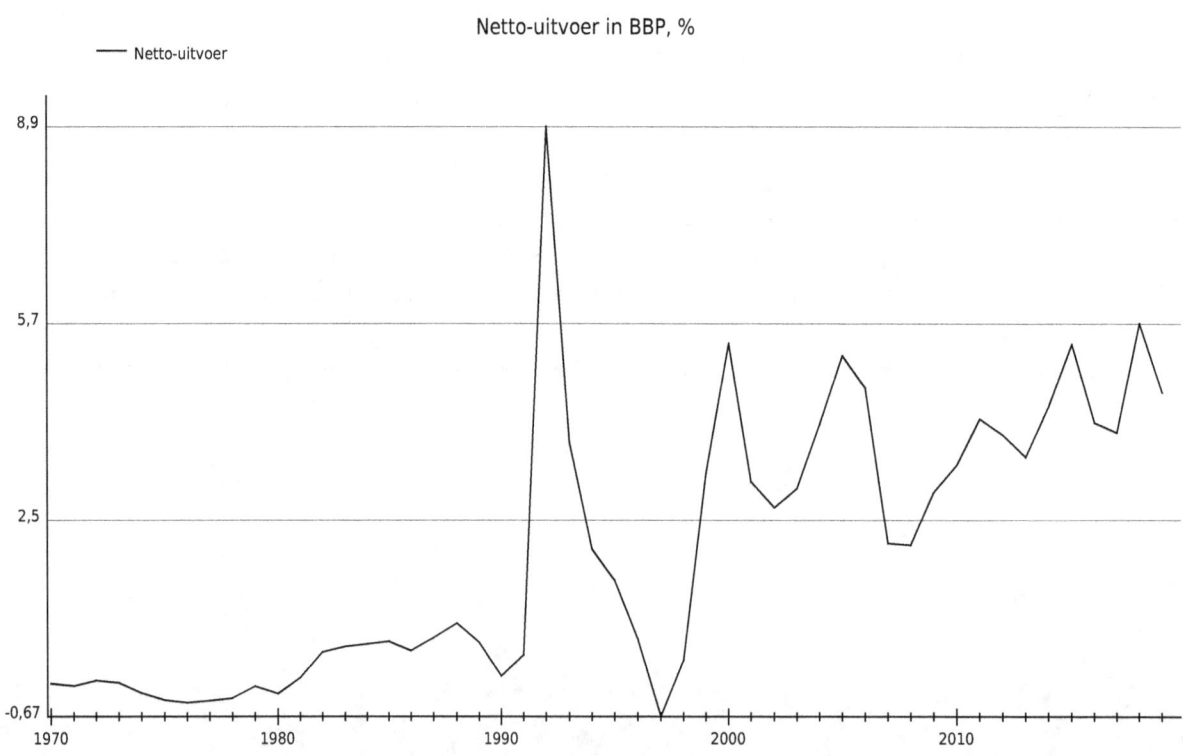

Hoofdstuk X. Uitvoer

Uitvoer van goederen en diensten

De waarde van de export in Oost-Europa steeg van US$22,1 miljard per jaar in de jaren 1970 tot US$1,3 biljoen per jaar in de jaren 2010, dat wil zeggen met US$1,3 biljoen of 60,5 keer. De verandering vond plaats op US$993,0 miljard als gevolg van een 3,9-voudige stijging van de prijzen, en ook op US$325,3 miljard als gevolg van een 18,1-voudige toename van het tarief per hoofd , evenals op -US$3,1 miljard als gevolg van de afname van de bevolking. De gemiddelde jaarlijkse groei van de export is 7,6%. De minimumwaarde van de export bedroeg US$12,0 miljard in 1970. De maximumwaarde van de export bedroeg US$1,5 biljoen in 2018.

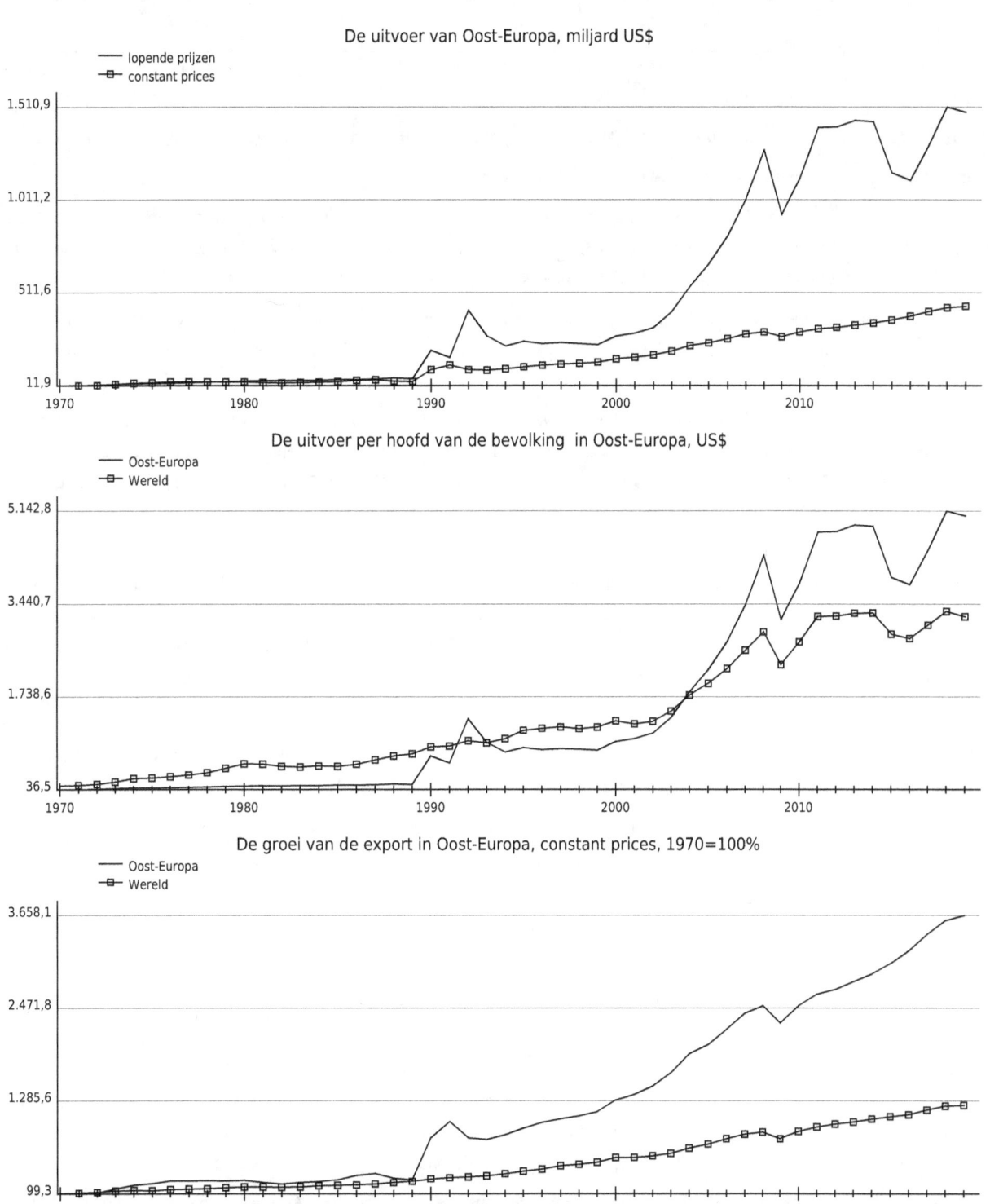

De uitvoer van Oost-Europa, miljard US$

De uitvoer per hoofd van de bevolking in Oost-Europa, US$

De groei van de export in Oost-Europa, constant prices, 1970=100%

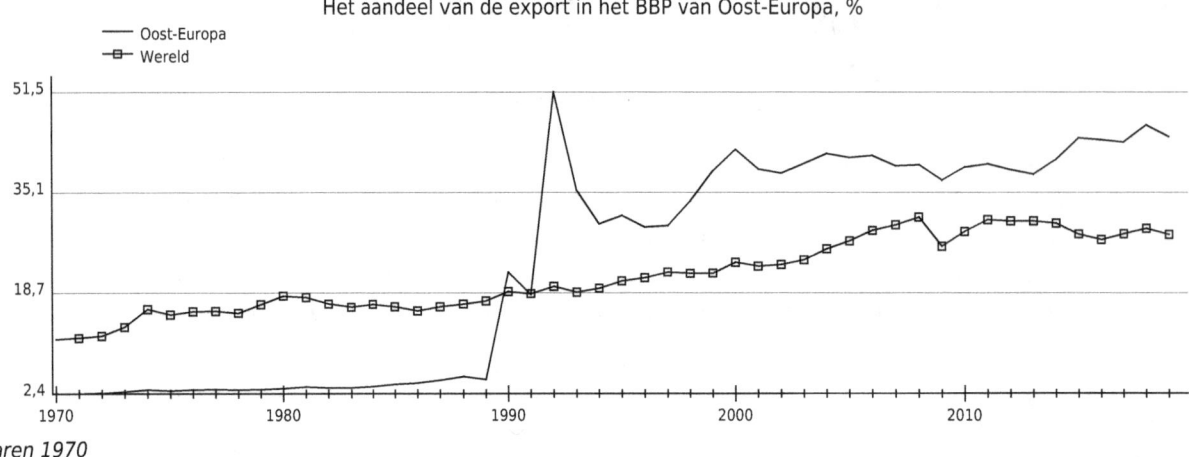

Het aandeel van de export in het BBP van Oost-Europa, %

de jaren 1970

De uitvoer van Oost-Europa bedroeg in de jaren 1970 US$22,1 miljard per jaar. Het aandeel in de wereld was 2,3%, en 4,7% in Europa.

Het aandeel van de export in het BBP van Oost-Europa was 2,9% in de jaren 1970.

De waarde van de export per hoofd in Oost-Europa was $64,7 in de jaren 1970s, en was vergelijkbaar met Sri Lanka (US$65,6). De waarde van de export per hoofd in Oost-Europa was in 3,7 keer lager dan de export per hoofd van de bevolking in de wereld ($242,1), en was in 10,0 keer lager dan de export per hoofd van de bevolking in Europa ($242,1).

De groei van de export in Oost-Europa bedroeg 11.3% in de jaren 1970, en was vergelijkbaar met de Dominicaanse Republiek (11,3%). De groei van de export in Oost-Europa (11,3%) was groter dan de groei van de export in de wereld (6,5%), was groter dan de groei van de export in Europa (6,1%).

Vergelijking met subregio's. De uitvoer van Oost-Europa was minder dan in West-Europa (US$262,8 miljard), in Noord-Europa (US$113,6 miljard) en in Zuid-Europa (US$70,7 miljard). De uitvoer per hoofd in Oost-Europa was in Oost-Europa minder dan in West-Europa (US$1.546,2), in Noord-Europa (US$1.397,6) en in Zuid-Europa (US$533,0). De groei van de export in Oost-Europa was groter dan in Zuid-Europa (7,6%), in West-Europa (5,6%) en in Noord-Europa (5,1%).

Leiders. De uitvoer van Oost-Europa in de jaren 1970 bestond uit: Polen (50,0%), Bulgarije (19,3%), Hongarije (17,5%), Roemenië (13,6%), Tsjecho-Slowakije (-0,69%). Het aandeel van de export in BBP van de leiders: Bulgarije (37,2%), Hongarije (30,3%), Polen (22,5%), Roemenië (13,0%) en Tsjecho-Slowakije (-0,54%). De waarde van de export per hoofd in Oost-Europa onder de leiders: Bulgarije ($491,3), Hongarije ($366,5), Polen ($326,2), Roemenië ($139,2) en Tsjecho-Slowakije ($-10,3). De groei van de export onder de leiders: Roemenië (36,4%), Hongarije (9,1%), Bulgarije (7,0%), Polen (6,2%) en Tsjecho-Slowakije (-15,8%).

de jaren 1980

De uitvoer van Oost-Europa bedroeg in de jaren 1980 US$43,1 miljard per jaar, en was vergelijkbaar met Hongkong (US$43,4 miljard), Centraal-Amerika (US$43,9 miljard), Oceanië (US$44,1 miljard). Het aandeel in de wereld was 1,7%, en 3,7% in Europa.

Het aandeel van de export in het BBP van Oost-Europa was 3,9% in de jaren 1980, en was vergelijkbaar met Somalië (3,9%).

De uitvoer per hoofd in Oost-Europa was $116,5 in de jaren 1980s, en was vergelijkbaar met Palestina (US$117,3). De waarde van de export per hoofd in Oost-Europa was in 4,5 keer lager dan de export per hoofd van de bevolking in de wereld ($529,9), en was in 13,1 keer lager dan de export per hoofd van de bevolking in Europa ($529,9).

De groei van de export in Oost-Europa bedroeg 0.6% in de jaren 1980, en was vergelijkbaar met de Bahama's (0,64%). De groei van de export in Oost-Europa (0,63%) was minder dan de groei van de export in de wereld (3,8%), was minder dan de groei van de export in Europa (4,0%).

Vergelijking met subregio's. De uitvoer van Oost-Europa was minder dan in West-Europa (US$637,3 miljard), in Noord-Europa (US$289,6 miljard) en in Zuid-Europa (US$198,0 miljard). De waarde van de export per hoofd in Oost-Europa was in Oost-Europa minder dan in West-Europa (US$3,7 duizend), in Noord-Europa (US$3,5 duizend) en in Zuid-Europa (US$1.401,2). De groei van de export in Oost-Europa was minder dan in West-Europa (4,4%), in Zuid-Europa (4,0%) en in Noord-Europa (3,8%).

Leiders. De waarde van de export in Oost-Europa in de jaren 1980 bestond uit: Polen (33,5%), Roemenië (28,0%), Hongarije (19,2%),

Bulgarije (16,2%), Tsjecho-Slowakije (3,2%). Het aandeel van de export in BBP van de leiders: Bulgarije (42,6%), Hongarije (30,4%), Roemenië (23,7%), Polen (20,3%) en Tsjecho-Slowakije (2,6%). De waarde van de export per hoofd in Oost-Europa onder de leiders: Bulgarije ($781,2), Hongarije ($779,9), Roemenië ($523,2), Polen ($392,2) en Tsjecho-Slowakije ($88,4). De groei van de export onder de leiders: Tsjecho-Slowakije (25,3%), Hongarije (3,8%), Roemenië (2,8%), Bulgarije (1,9%) en Polen (1,9%).

de jaren 1990

De uitvoer van Oost-Europa bedroeg in de jaren 1990 US$247,8 miljard per jaar. Het aandeel in de wereld was 4,2%, en 8,9% in Europa.

Het aandeel van de export in het BBP van Oost-Europa was 31,6% in de jaren 1990.

De waarde van de export per hoofd in Oost-Europa was $802,2 in de jaren 1990s, en was vergelijkbaar met Zuidelijk Afrika (US$787,6), Melanesië (US$820,7), Tunesië (US$782,9). De waarde van de export per hoofd in Oost-Europa was 22,1% lager dan de export per hoofd van de bevolking in de wereld ($1.029,5), en was in 4,7 keer lager dan de export per hoofd van de bevolking in Europa ($1.029,5).

De groei van de export in Oost-Europa bedroeg 15.2% in de jaren 1990. De groei van de export in Oost-Europa (15,2%) was groter dan de groei van de export in de wereld (6,9%), was groter dan de groei van de export in Europa (6,5%).

Vergelijking met subregio's. De waarde van de export in Oost-Europa was minder dan in West-Europa (US$1,4 biljoen), in Noord-Europa (US$628,4 miljard) en in Zuid-Europa (US$461,5 miljard). De waarde van de export per hoofd in Oost-Europa was in Oost-Europa minder dan in West-Europa (US$7,9 duizend), in Noord-Europa (US$6,8 duizend) en in Zuid-Europa (US$3,2 duizend). De groei van de export in Oost-Europa was groter dan in Noord-Europa (6,7%), in West-Europa (5,7%) en in Zuid-Europa (5,4%).

Leiders. De waarde van de export in Oost-Europa in de jaren 1990 bestond uit: Rusland (52,6%), Polen (11,7%), Tsjechië (8,2%), Oekraïne (8,1%), Hongarije (6,6%), en andere (12,7%). Het aandeel van de export in BBP van de leiders: Tsjechië (39,5%), Hongarije (37,9%), Oekraïne (32,7%), Rusland (31,2%) en Polen (23,1%). De waarde van de export per hoofd in Oost-Europa onder de leiders: Tsjechië ($1.969,7), Hongarije ($1.583,8), Rusland ($881,8), Polen ($757,9) en Oekraïne ($396,7). De groei van de export onder de leiders: Rusland (12,1%), Polen (9,6%), Hongarije (8,5%), Tsjechië (7,7%) en Oekraïne (-7,9%).

de jaren 2000

De waarde van de export in Oost-Europa bedroeg in de jaren 2000 US$654,9 miljard per jaar, en was vergelijkbaar met Zuidwest-Azië (US$653,2 miljard). Het aandeel in de wereld was 5,2%, en 11,7% in Europa.

Het aandeel van de export in het BBP van Oost-Europa was 39,7% in de jaren 2000, en was vergelijkbaar met Letland (39,5%), Paraguay (39,4%).

De waarde van de export per hoofd in Oost-Europa was $2.192,6 in de jaren 2000s, en was vergelijkbaar met Belize (US$2,2 duizend), Suriname (US$2,2 duizend). De uitvoer per hoofd in Oost-Europa was 13,4% hoger dan de export per hoofd van de bevolking in de wereld ($1.933,7), en was in 3,5 keer lager dan de export per hoofd van de bevolking in Europa ($1.933,7).

De groei van de export in Oost-Europa bedroeg 7.1% in de jaren 2000, en was vergelijkbaar met Turkije (7,2%). De groei van de export in Oost-Europa (7,1%) was groter dan de groei van de export in de wereld (4,8%), was groter dan de groei van de export in Europa (3,8%).

Vergelijking met subregio's. De waarde van de export in Oost-Europa was minder dan in West-Europa (US$2,8 biljoen), in Noord-Europa (US$1,3 biljoen) en in Zuid-Europa (US$889,8 miljard). De waarde van de export per hoofd in Oost-Europa was in Oost-Europa minder dan in West-Europa (US$14,7 duizend), in Noord-Europa (US$13,3 duizend) en in Zuid-Europa (US$6,0 duizend). De groei van de export in Oost-Europa was groter dan in West-Europa (3,8%), in Noord-Europa (3,3%) en in Zuid-Europa (2,1%).

Leiders. De waarde van de export in Oost-Europa in de jaren 2000 bestond uit: Rusland (39,1%), Polen (16,5%), Tsjechië (12,2%), Hongarije (10,7%), Oekraïne (6,3%), en andere (15,1%). Het aandeel van de export in BBP van de leiders: Hongarije (69,3%), Tsjechië (58,6%), Oekraïne (46,3%), Polen (35,1%) en Rusland (32,2%). De uitvoer per hoofd in Oost-Europa onder de leiders: Tsjechië ($7.728,6), Hongarije ($6.970,6), Polen ($2.817,6), Rusland ($1.774,6) en Oekraïne ($877,5). De groei van de export onder de leiders: Hongarije (10,4%), Tsjechië (9,7%), Polen (8,4%), Rusland (6,3%) en Oekraïne (2,5%).

de jaren 2010

De uitvoer van Oost-Europa bedroeg in de jaren 2010 US$1,3 biljoen per jaar, en was vergelijkbaar met Zuid-Europa (US$1,3 biljoen). Het aandeel in de wereld was 5,9%, en 14,9% in Europa.

Het aandeel van de export in het BBP van Oost-Europa was 41,6% in de jaren 2010, en was vergelijkbaar met Centraal-Afrika (41,6%), Montenegro (41,6%), Swaziland (41,6%).

De waarde van de export per hoofd in Oost-Europa was $4.543,9 in de jaren 2010s, en was vergelijkbaar met Gabon (US$4,5 duizend), Mauritius (US$4,6 duizend), Chili (US$4,6 duizend). De waarde van de export per hoofd in Oost-Europa was 46,6% hoger dan de export per hoofd van de bevolking in de wereld ($3.098,9), en was in 2,7 keer lager dan de export per hoofd van de bevolking in Europa ($3.098,9).

De groei van de export in Oost-Europa bedroeg 4.8% in de jaren 2010, en was vergelijkbaar met Sri Lanka (4,8%), Palestina (4,9%). De groei van de export in Oost-Europa (4,8%) was groter dan de groei van de export in de wereld (4,4%), was groter dan de groei van de export in Europa (4,4%).

Vergelijking met subregio's. De uitvoer van Oost-Europa was 1,3% groter dan in Zuid-Europa (US$1,3 biljoen); maar 3,3 keer minder dan in West-Europa (US$4,4 biljoen) en 30,5% minder dan in Noord-Europa (US$1,9 biljoen). De waarde van de export per hoofd in Oost-Europa was in Oost-Europa5,0 keer minder dan in West-Europa (US$22,7 duizend), 4,1 keer minder dan in Noord-Europa (US$18,7 duizend) en 47,3% minder dan in Zuid-Europa (US$8,6 duizend). De groei van de export in Oost-Europa was groter dan in Noord-Europa (4,4%), in Zuid-Europa (4,4%) en in West-Europa (4,3%).

Leiders. De uitvoer van Oost-Europa in de jaren 2010 bestond uit: Rusland (36,5%), Polen (19,1%), Tsjechië (12,3%), Hongarije (8,9%), Slowakije (6,6%), en andere (16,6%). Het aandeel van de export in BBP van de leiders: Slowakije (90,9%), Hongarije (85,2%), Tsjechië (75,9%), Polen (48,8%) en Rusland (27,5%). De uitvoer per hoofd in Oost-Europa onder de leiders: Slowakije ($16.201,6), Tsjechië ($15.533,5), Hongarije ($12.159,2), Polen ($6.701,1) en Rusland ($3.376,3). De groei van de export onder de leiders: Polen (7,6%), Slowakije (6,7%), Tsjechië (5,9%), Hongarije (5,7%) en Rusland (2,9%).

Hoofdstuk XI. Invoer

Invoer van goederen en diensten

De invoer van Oost-Europa steeg van US$24,2 miljard per jaar in de jaren 1970 tot US$1,2 biljoen per jaar in de jaren 2010, dat wil zeggen met US$1,2 biljoen of 49,5 keer. De verandering vond plaats op US$829,1 miljard als gevolg van een 3,2-voudige stijging van de prijzen, en ook op US$348,9 miljard als gevolg van een 17,7-voudige toename van het tarief per hoofd , evenals op -US$3,4 miljard als gevolg van de afname van de bevolking. De gemiddelde jaarlijkse groei van de invoer is 6,9%. De minimumwaarde van de invoer bedroeg US$12,7 miljard in 1970. De maximumwaarde van de invoer bedroeg US$1,3 biljoen in 2019.

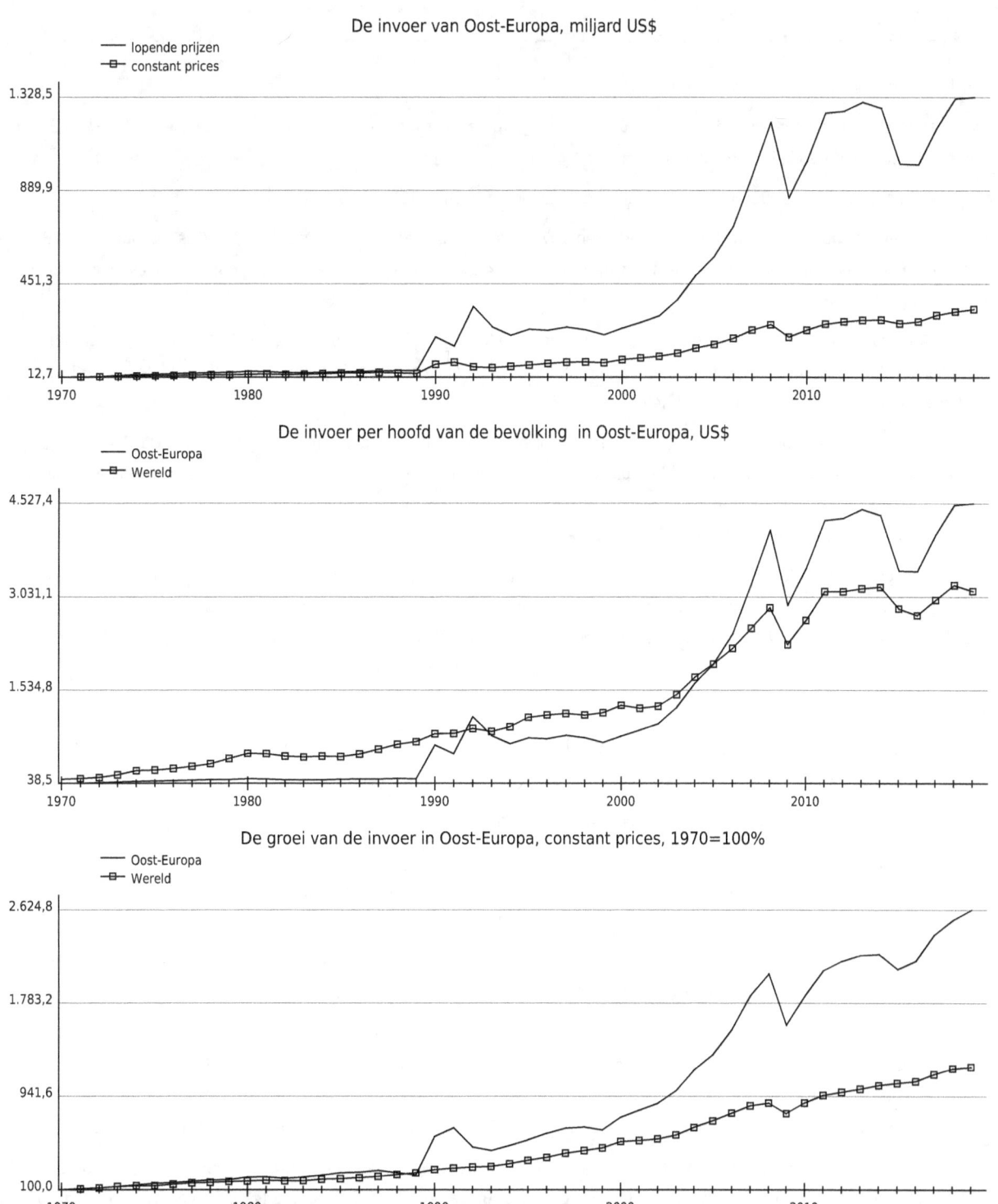

De invoer van Oost-Europa, miljard US$

De invoer per hoofd van de bevolking in Oost-Europa, US$

De groei van de invoer in Oost-Europa, constant prices, 1970=100%

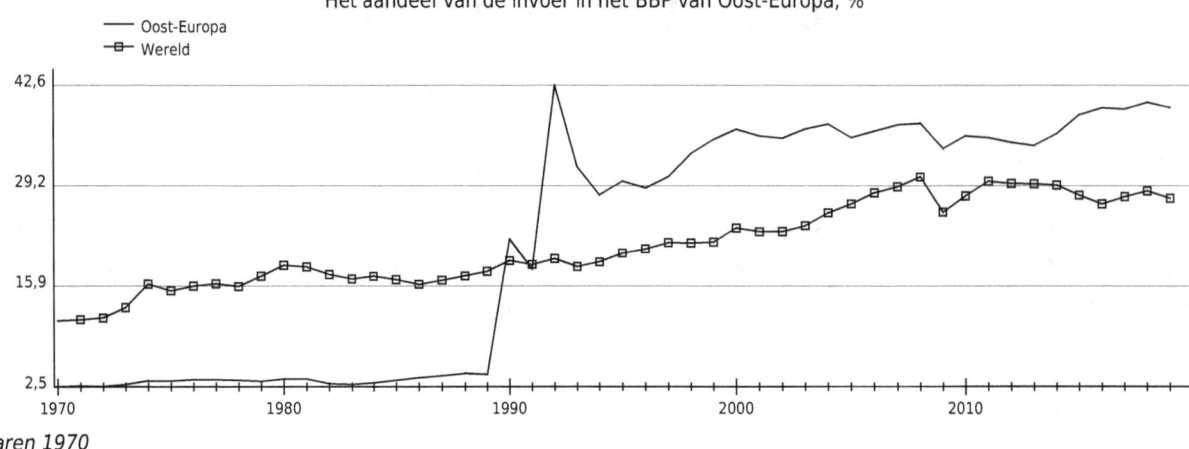

Het aandeel van de invoer in het BBP van Oost-Europa, %

de jaren 1970

De invoer van Oost-Europa bedroeg in de jaren 1970 US$24,2 miljard per jaar, en was vergelijkbaar met Zwitserland (US$24,3 miljard). Het aandeel in de wereld was 2,5%, en 5,0% in Europa.

Het aandeel van de invoer in het BBP van Oost-Europa was 3,1% in de jaren 1970.

De invoer per hoofd in Oost-Europa was $70,9 in de jaren 1970s. De waarde van de invoer per hoofd in Oost-Europa was in 3,4 keer lager dan de invoer per hoofd van de bevolking in de wereld ($244,3), en was in 9,5 keer lager dan de invoer per hoofd van de bevolking in Europa ($244,3).

De groei van de invoer in Oost-Europa bedroeg 7.4% in de jaren 1970, en was vergelijkbaar met Costa Rica (7,3%), Centraal-Amerika (7,4%), Pakistan (7,5%). De groei van de invoer in Oost-Europa (7,4%) was groter dan de groei van de invoer in de wereld (6,3%), was groter dan de groei van de invoer in Europa (5,4%).

Vergelijking met subregio's. De waarde van de invoer in Oost-Europa was minder dan in West-Europa (US$267,2 miljard), in Noord-Europa (US$117,7 miljard) en in Zuid-Europa (US$78,6 miljard). De waarde van de invoer per hoofd in Oost-Europa was in Oost-Europa minder dan in West-Europa (US$1.571,7), in Noord-Europa (US$1.448,4) en in Zuid-Europa (US$593,0). De groei van de invoer in Oost-Europa was groter dan in West-Europa (5,7%), in Zuid-Europa (5,6%) en in Noord-Europa (4,1%).

Leiders. De invoer van Oost-Europa in de jaren 1970 bestond uit: Polen (51,3%), Bulgarije (18,0%), Hongarije (16,8%), Roemenië (13,9%). Het aandeel van de invoer in BBP van de leiders: Bulgarije (37,9%), Hongarije (31,9%), Polen (25,3%) en Roemenië (14,6%). De waarde van de invoer per hoofd in Oost-Europa onder de leiders: Bulgarije ($501,0), Hongarije ($385,9), Polen ($366,9) en Roemenië ($156,6). De groei van de invoer onder de leiders: Roemenië (36,8%), Bulgarije (6,5%), Hongarije (6,5%) en Polen (5,6%).

de jaren 1980

De invoer van Oost-Europa bedroeg in de jaren 1980 US$38,7 miljard per jaar, en was vergelijkbaar met de Caraïben (US$38,6 miljard), Centraal-Amerika (US$39,2 miljard). Het aandeel in de wereld was 1,5%, en 3,3% in Europa.

Het aandeel van de invoer in het BBP van Oost-Europa was 3,5% in de jaren 1980.

De invoer per hoofd in Oost-Europa was $104,6 in de jaren 1980s, en was vergelijkbaar met Kenia (US$105,0). De waarde van de invoer per hoofd in Oost-Europa was in 5,2 keer lager dan de invoer per hoofd van de bevolking in de wereld ($539,1), en was in 14,8 keer lager dan de invoer per hoofd van de bevolking in Europa ($539,1).

De groei van de invoer in Oost-Europa bedroeg 2.1% in de jaren 1980. De groei van de invoer in Oost-Europa (2,1%) was minder dan de groei van de invoer in de wereld (3,8%), was minder dan de groei van de invoer in Europa (4,1%).

Vergelijking met subregio's. De waarde van de invoer in Oost-Europa was minder dan in West-Europa (US$651,2 miljard), in Noord-Europa (US$287,3 miljard) en in Zuid-Europa (US$213,3 miljard). De waarde van de invoer per hoofd in Oost-Europa was in Oost-Europa minder dan in West-Europa (US$3,8 duizend), in Noord-Europa (US$3,5 duizend) en in Zuid-Europa (US$1.509,3). De groei van de invoer in Oost-Europa was minder dan in Zuid-Europa (5,3%), in Noord-Europa (4,4%) en in West-Europa (3,8%).

Leiders. De waarde van de invoer in Oost-Europa in de jaren 1980 bestond uit: Polen (37,9%), Roemenië (23,0%), Hongarije (19,8%), Bulgarije (19,3%). Het aandeel van de invoer in BBP van de leiders: Bulgarije (45,6%), Hongarije (28,3%), Polen (20,6%) en Roemenië

(17,5%). De waarde van de invoer per hoofd in Oost-Europa onder de leiders: Bulgarije ($835,7), Hongarije ($724,8), Polen ($397,9) en Roemenië ($386,5). De groei van de invoer onder de leiders: Bulgarije (2,8%), Polen (1,6%), Hongarije (1,4%) en Roemenië (0,12%).

de jaren 1990

De invoer van Oost-Europa bedroeg in de jaren 1990 US$232,5 miljard per jaar, en was vergelijkbaar met Italië (US$233,7 miljard). Het aandeel in de wereld was 4,0%, en 8,8% in Europa.

Het aandeel van de invoer in het BBP van Oost-Europa was 29,6% in de jaren 1990, en was vergelijkbaar met Myanmar (29,8%), Ivoorkust (29,8%), Mali (29,9%).

De invoer per hoofd in Oost-Europa was $752,7 in de jaren 1990s, en was vergelijkbaar met Rusland (US$735,2), Tuvalu (US$770,7). De invoer per hoofd in Oost-Europa was 25,9% lager dan de invoer per hoofd van de bevolking in de wereld ($1.015,5), en was in 4,9 keer lager dan de invoer per hoofd van de bevolking in Europa ($1.015,5).

De groei van de invoer in Oost-Europa bedroeg 10.5% in de jaren 1990, en was vergelijkbaar met Ghana (10,4%), Nicaragua (10,5%), Singapore (10,6%). De groei van de invoer in Oost-Europa (10,5%) was groter dan de groei van de invoer in de wereld (6,6%), was groter dan de groei van de invoer in Europa (5,9%).

Vergelijking met subregio's. De invoer van Oost-Europa was minder dan in West-Europa (US$1,4 biljoen), in Noord-Europa (US$594,9 miljard) en in Zuid-Europa (US$469,4 miljard). De invoer per hoofd in Oost-Europa was in Oost-Europa minder dan in West-Europa (US$7,5 duizend), in Noord-Europa (US$6,4 duizend) en in Zuid-Europa (US$3,3 duizend). De groei van de invoer in Oost-Europa was groter dan in Noord-Europa (5,6%), in Zuid-Europa (5,5%) en in West-Europa (5,5%).

Leiders. De invoer van Oost-Europa in de jaren 1990 bestond uit: Rusland (46,8%), Polen (13,2%), Tsjechië (9,0%), Oekraïne (8,8%), Hongarije (7,3%), en andere (14,9%). Het aandeel van de invoer in BBP van de leiders: Tsjechië (40,5%), Hongarije (39,2%), Oekraïne (33,2%), Rusland (26,0%) en Polen (24,4%). De invoer per hoofd in Oost-Europa onder de leiders: Tsjechië ($2.020,3), Hongarije ($1.641,4), Polen ($801,3), Rusland ($735,2) en Oekraïne ($402,3). De groei van de invoer onder de leiders: Polen (13,1%), Hongarije (10,9%), Tsjechië (8,1%), Rusland (2,9%) en Oekraïne (-12,1%).

de jaren 2000

De invoer van Oost-Europa bedroeg in de jaren 2000 US$600,5 miljard per jaar. Het aandeel in de wereld was 4,9%, en 11,3% in Europa.

Het aandeel van de invoer in het BBP van Oost-Europa was 36,4% in de jaren 2000, en was vergelijkbaar met de Dominicaanse Republiek (36,4%), Guinee (36,5%).

De waarde van de invoer per hoofd in Oost-Europa was $2.010,5 in de jaren 2000s, en was vergelijkbaar met Fiji (US$2,0 duizend), Centraal-Amerika (US$1.994,5), Botswana (US$1.979,6). De waarde van de invoer per hoofd in Oost-Europa was 5,8% hoger dan de invoer per hoofd van de bevolking in de wereld ($1.899,9), en was in 3,6 keer lager dan de invoer per hoofd van de bevolking in Europa ($1.899,9).

De groei van de invoer in Oost-Europa bedroeg 9.5% in de jaren 2000, en was vergelijkbaar met Wit-Rusland (9,5%), Niger (9,5%), Ecuador (9,5%). De groei van de invoer in Oost-Europa (9,5%) was groter dan de groei van de invoer in de wereld (5,1%), was groter dan de groei van de invoer in Europa (4,0%).

Vergelijking met subregio's. De invoer van Oost-Europa was minder dan in West-Europa (US$2,5 biljoen), in Noord-Europa (US$1,2 biljoen) en in Zuid-Europa (US$990,2 miljard). De invoer per hoofd in Oost-Europa was in Oost-Europa minder dan in West-Europa (US$13,4 duizend), in Noord-Europa (US$12,8 duizend) en in Zuid-Europa (US$6,7 duizend). De groei van de invoer in Oost-Europa was groter dan in Noord-Europa (3,8%), in West-Europa (3,5%) en in Zuid-Europa (2,6%).

Leiders. De waarde van de invoer in Oost-Europa in de jaren 2000 bestond uit: Rusland (28,7%), Polen (19,7%), Tsjechië (12,9%), Hongarije (11,9%), Oekraïne (7,2%), en andere (19,6%). Het aandeel van de invoer in BBP van de leiders: Hongarije (70,2%), Tsjechië (57,0%), Oekraïne (48,2%), Polen (38,3%) en Rusland (21,7%). De invoer per hoofd in Oost-Europa onder de leiders: Tsjechië ($7.521,5), Hongarije ($7.056,0), Polen ($3.077,5), Rusland ($1.194,9) en Oekraïne ($912,6). De groei van de invoer onder de leiders: Rusland (14,0%), Tsjechië (9,1%), Hongarije (8,9%), Polen (6,4%) en Oekraïne (6,3%).

de jaren 2010

De waarde van de invoer in Oost-Europa bedroeg in de jaren 2010 US$1,2 biljoen per jaar. Het aandeel in de wereld was 5,4%, en 14,5% in Europa.

Het aandeel van de invoer in het BBP van Oost-Europa was 37,3% in de jaren 2010, en was vergelijkbaar met Zimbabwe (37,3%), Ghana (37,3%), Brunei (37,2%).

De waarde van de invoer per hoofd in Oost-Europa was $4.073,3 in de jaren 2010s, en was vergelijkbaar met Libanon (US$4,1 duizend), Djibouti (US$4,0 duizend). De invoer per hoofd in Oost-Europa was 35,1% hoger dan de invoer per hoofd van de bevolking in de wereld ($3.015,6), en was in 2,7 keer lager dan de invoer per hoofd van de bevolking in Europa ($3.015,6).

De groei van de invoer in Oost-Europa bedroeg 5.2% in de jaren 2010, en was vergelijkbaar met Paraguay (5,1%), Koeweit (5,1%), Luxemburg (5,2%). De groei van de invoer in Oost-Europa (5,2%) was groter dan de groei van de invoer in de wereld (4,4%), was groter dan de groei van de invoer in Europa (4,3%).

Vergelijking met subregio's. De invoer van Oost-Europa was 3,3 keer minder dan in West-Europa (US$4,0 biljoen), 34,4% minder dan in Noord-Europa (US$1,8 biljoen) en 5,8% minder dan in Zuid-Europa (US$1,3 biljoen). De invoer per hoofd in Oost-Europa was in Oost-Europa5,1 keer minder dan in West-Europa (US$20,6 duizend), 4,4 keer minder dan in Noord-Europa (US$17,8 duizend) en 2,0 keer minder dan in Zuid-Europa (US$8,3 duizend). De groei van de invoer in Oost-Europa was groter dan in Noord-Europa (4,9%), in West-Europa (4,3%) en in Zuid-Europa (2,6%).

Leiders. De waarde van de invoer in Oost-Europa in de jaren 2010 bestond uit: Rusland (30,4%), Polen (20,6%), Tsjechië (12,7%), Hongarije (9,2%), Slowakije (7,1%), en andere (20,0%). Het aandeel van de invoer in BBP van de leiders: Slowakije (88,2%), Hongarije (79,0%), Tsjechië (70,2%), Polen (47,2%) en Rusland (20,5%). De waarde van de invoer per hoofd in Oost-Europa onder de leiders: Slowakije ($15.724,4), Tsjechië ($14.375,8), Hongarije ($11.284,9), Polen ($6.480,6) en Rusland ($2.516,3). De groei van de invoer onder de leiders: Polen (6,6%), Slowakije (6,0%), Hongarije (5,8%), Tsjechië (5,7%) en Rusland (3,5%).

Part IV. Verbruik

Hoofdstuk XII. Overheidsuitgaven

Consumptie-uitgaven van de overheid

De overheidsuitgaven van Oost-Europa steeg van US$139,4 miljard per jaar in de jaren 1970 tot US$579,6 miljard per jaar in de jaren 2010, dat wil zeggen met US$440,2 miljard of 4,2 keer. De verandering vond plaats op US$298,5 miljard als gevolg van een 2,1-voudige stijging van de prijzen, en ook op US$161,1 miljard als gevolg van een 2,3-voudige toename van het tarief per hoofd , evenals op -US$19,3 miljard als gevolg van de afname van de bevolking. De gemiddelde jaarlijkse groei van de overheidsuitgaven is 2,3%. De minimumwaarde van de overheidsuitgaven bedroeg US$79,5 miljard in 1970. De maximumwaarde van de overheidsuitgaven bedroeg US$689,6 miljard in 2013.

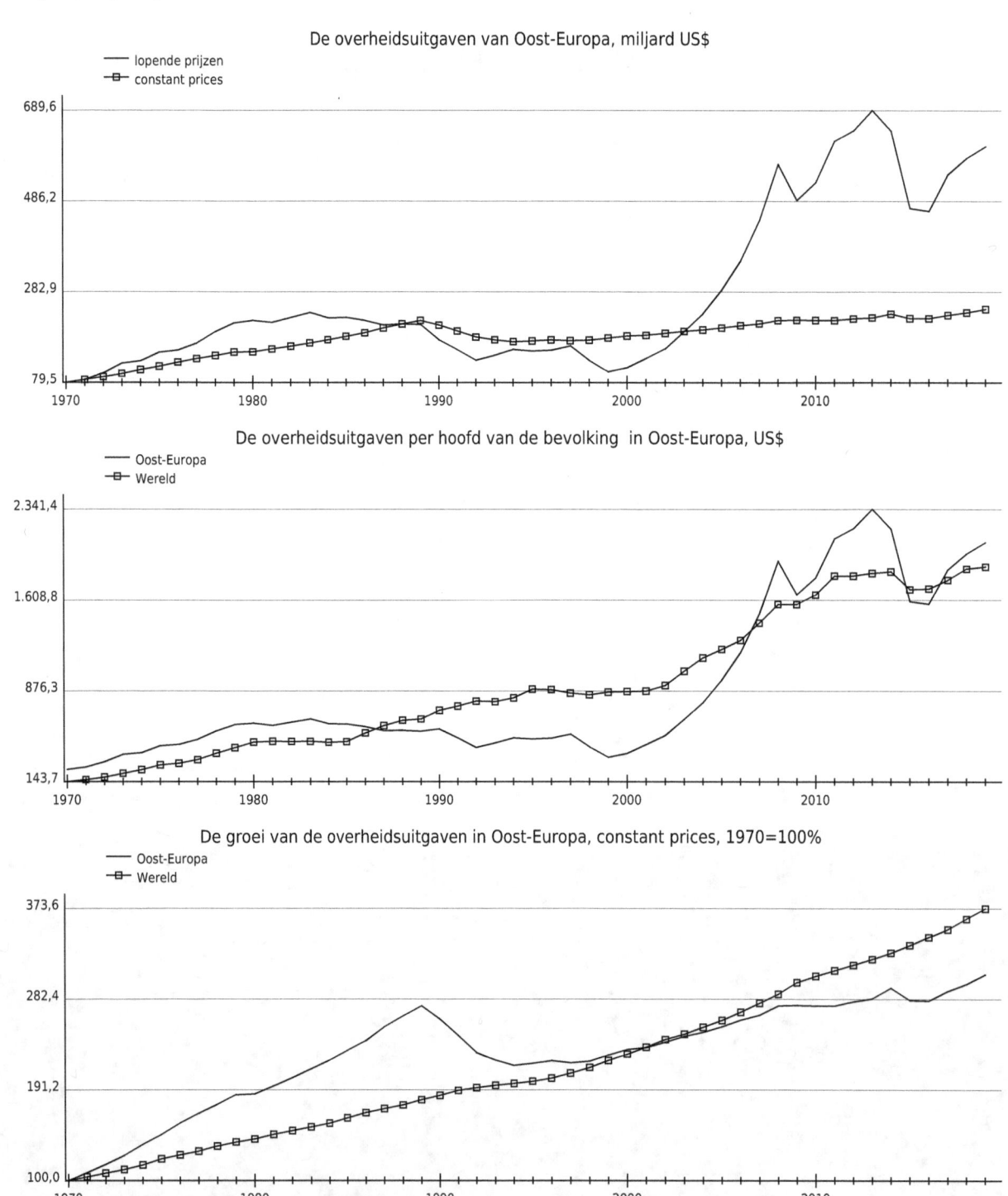

De overheidsuitgaven van Oost-Europa, miljard US$

De overheidsuitgaven per hoofd van de bevolking in Oost-Europa, US$

De groei van de overheidsuitgaven in Oost-Europa, constant prices, 1970=100%

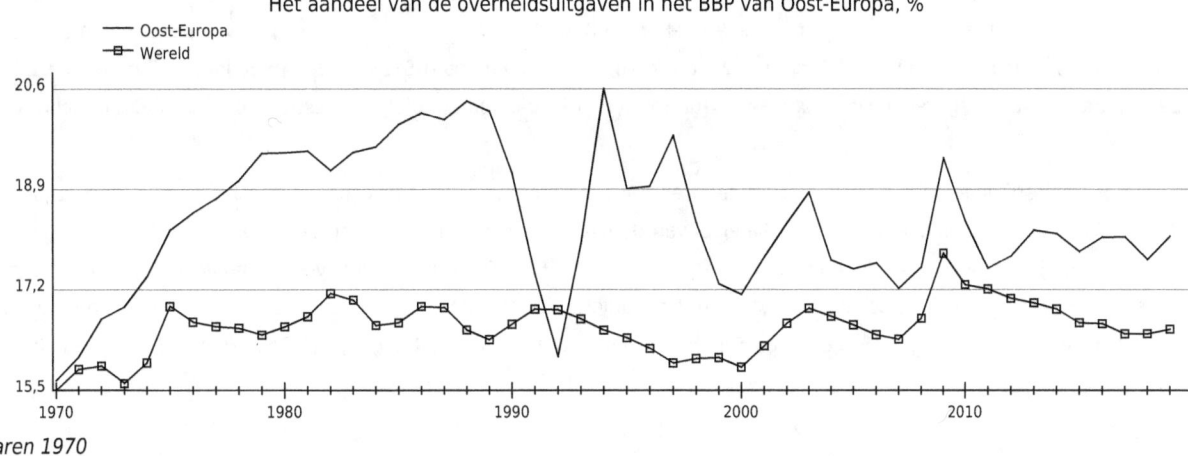

de jaren 1970

De overheidsuitgaven van Oost-Europa bedroeg in de jaren 1970 US$139,4 miljard per jaar. Het aandeel in de wereld was 13,0%, en 28,3% in Europa.

Het aandeel van de overheidsuitgaven in het BBP van Oost-Europa was 18,0% in de jaren 1970, en was vergelijkbaar met de Sovjet-Unie (18,1%), Noord-Afrika (17,9%), Ecuador (17,9%).

De overheidsuitgaven per hoofd in Oost-Europa was $408,0 in de jaren 1970s, en was vergelijkbaar met Cuba (US$409,6), de Seychellen (US$399,7), de Marshalleilanden (US$399,6). De overheidsuitgaven per hoofd in Oost-Europa was 53,9% hoger dan de overheidsuitgaven per hoofd van de bevolking in de wereld ($265,2), en was 39,9% lager dan de overheidsuitgaven per hoofd van de bevolking in Europa ($265,2).

De groei van de overheidsuitgaven in Oost-Europa bedroeg 7.2% in de jaren 1970, en was vergelijkbaar met Turkije (7,2%). De groei van de overheidsuitgaven in Oost-Europa (7,2%) was groter dan de groei van de overheidsuitgaven in de wereld (3,7%), was groter dan de groei van de overheidsuitgaven in Europa (4,5%).

Vergelijking met subregio's. De overheidsuitgaven van Oost-Europa was groter dan in Noord-Europa (US$86,6 miljard) en in Zuid-Europa (US$59,4 miljard); maar minder dan in West-Europa (US$207,1 miljard). De overheidsuitgaven per hoofd in Oost-Europa was in Oost-Europa minder dan in West-Europa (US$1.218,4), in Noord-Europa (US$1.066,0) en in Zuid-Europa (US$448,1). De groei van de overheidsuitgaven in Oost-Europa was groter dan in Zuid-Europa (4,7%), in West-Europa (4,4%) en in Noord-Europa (3,1%).

Leiders. De overheidsuitgaven van Oost-Europa in de jaren 1970 bestond uit: Sovjet-Unie (84,1%), Polen (6,9%), Tsjecho-Slowakije (3,9%), Roemenië (2,9%), Hongarije (1,7%). Het aandeel van de overheidsuitgaven in BBP van de leiders: Polen (19,7%), Tsjecho-Slowakije (19,1%), Hongarije (18,6%), Sovjet-Unie (18,1%) en Roemenië (17,3%). De overheidsuitgaven per hoofd in Oost-Europa onder de leiders: Sovjet-Unie ($465,0), Tsjecho-Slowakije ($363,6), Polen ($286,0), Hongarije ($225,3) en Roemenië ($185,4). De groei van de overheidsuitgaven onder de leiders: Roemenië (10,6%), Sovjet-Unie (7,2%), Tsjecho-Slowakije (7,0%), Polen (6,2%) en Hongarije (5,2%).

de jaren 1980

De overheidsuitgaven van Oost-Europa bedroeg in de jaren 1980 US$219,4 miljard per jaar, en was vergelijkbaar met Noord-Europa (US$218,4 miljard). Het aandeel in de wereld was 8,7%, en 20,3% in Europa.

Het aandeel van de overheidsuitgaven in het BBP van Oost-Europa was 19,9% in de jaren 1980, en was vergelijkbaar met Europa (19,9%), Mongolië (19,8%), Oost-Afrika (19,9%).

De overheidsuitgaven per hoofd in Oost-Europa was $592,9 in de jaren 1980s. De overheidsuitgaven per hoofd in Oost-Europa was 13,2% hoger dan de overheidsuitgaven per hoofd van de bevolking in de wereld ($523,5), en was in 2,4 keer lager dan de overheidsuitgaven per hoofd van de bevolking in Europa ($523,5).

De groei van de overheidsuitgaven in Oost-Europa bedroeg 4% in de jaren 1980, en was vergelijkbaar met Soedan (4,0%), Luxemburg (4,0%), Polynesië (4,0%). De groei van de overheidsuitgaven in Oost-Europa (4,0%) was groter dan de groei van de overheidsuitgaven in de wereld (2,7%), was groter dan de groei van de overheidsuitgaven in Europa (2,3%).

Vergelijking met subregio's. De overheidsuitgaven van Oost-Europa was groter dan in Noord-Europa (US$218,4 miljard) en in Zuid-Europa (US$173,1 miljard); maar minder dan in West-Europa (US$467,4 miljard). De overheidsuitgaven per hoofd in Oost-Europa was in Oost-Europa minder dan in West-Europa (US$2,7 duizend), in Noord-Europa (US$2,6 duizend) en in Zuid-Europa (US$1.225,1). De groei van de overheidsuitgaven in Oost-Europa was groter dan in Zuid-Europa (3,0%), in West-Europa (1,9%) en in Noord-Europa (1,2%).

Leiders. De overheidsuitgaven van Oost-Europa in de jaren 1980 bestond uit: Sovjet-Unie (82,5%), Polen (6,4%), Tsjecho-Slowakije (5,6%), Hongarije (2,5%), Roemenië (2,5%). Het aandeel van de overheidsuitgaven in BBP van de leiders: Tsjecho-Slowakije (23,3%), Hongarije (20,4%), Sovjet-Unie (20,4%), Polen (19,6%) en Roemenië (10,6%). De overheidsuitgaven per hoofd in Oost-Europa onder de leiders: Tsjecho-Slowakije ($791,7), Sovjet-Unie ($658,0), Hongarije ($524,3), Polen ($378,2) en Roemenië ($233,7). De groei van de overheidsuitgaven onder de leiders: Sovjet-Unie (5,4%), Tsjecho-Slowakije (4,1%), Hongarije (1,9%), Polen (-0,61%) en Roemenië (-3,3%).

de jaren 1990

De overheidsuitgaven van Oost-Europa bedroeg in de jaren 1990 US$145,2 miljard per jaar. Het aandeel in de wereld was 3,1%, en 7,6% in Europa.

Het aandeel van de overheidsuitgaven in het BBP van Oost-Europa was 18,5% in de jaren 1990, en was vergelijkbaar met Zuidwest-Azië (18,5%), Italië (18,5%), Bhutan (18,3%).

De overheidsuitgaven per hoofd in Oost-Europa was $470,2 in de jaren 1990s, en was vergelijkbaar met Venezuela (US$468,9), Letland (US$465,8), Mauritius (US$462,6). De overheidsuitgaven per hoofd in Oost-Europa was 43,0% lager dan de overheidsuitgaven per hoofd van de bevolking in de wereld ($824,8), en was in 5,6 keer lager dan de overheidsuitgaven per hoofd van de bevolking in Europa ($824,8).

De groei van de overheidsuitgaven in Oost-Europa bedroeg -2% in de jaren 1990, en was vergelijkbaar met Slowakije (-1,9%). De groei van de overheidsuitgaven in Oost-Europa (-2,0%) was minder dan de groei van de overheidsuitgaven in de wereld (2,0%), was minder dan de groei van de overheidsuitgaven in Europa (1,3%).

Vergelijking met subregio's. De overheidsuitgaven van Oost-Europa was minder dan in West-Europa (US$960,6 miljard), in Noord-Europa (US$416,2 miljard) en in Zuid-Europa (US$382,4 miljard). De overheidsuitgaven per hoofd in Oost-Europa was in Oost-Europa minder dan in West-Europa (US$5,3 duizend), in Noord-Europa (US$4,5 duizend) en in Zuid-Europa (US$2,7 duizend). De groei van de overheidsuitgaven in Oost-Europa was minder dan in Noord-Europa (2,3%), in West-Europa (2,1%) en in Zuid-Europa (1,1%).

Leiders. De overheidsuitgaven van Oost-Europa in de jaren 1990 bestond uit: Rusland (51,3%), Polen (16,9%), Oekraïne (7,7%), Tsjechië (7,2%), Hongarije (6,9%), en andere (9,9%). Het aandeel van de overheidsuitgaven in BBP van de leiders: Hongarije (23,2%), Tsjechië (20,3%), Polen (19,5%), Oekraïne (18,2%) en Rusland (17,8%). De overheidsuitgaven per hoofd in Oost-Europa onder de leiders: Tsjechië ($1.011,2), Hongarije ($968,5), Polen ($640,8), Rusland ($504,2) en Oekraïne ($220,3). De groei van de overheidsuitgaven onder de leiders: Polen (3,5%), Tsjechië (-1,2%), Hongarije (-1,3%), Rusland (-2,7%) en Oekraïne (-3,8%).

de jaren 2000

De overheidsuitgaven van Oost-Europa bedroeg in de jaren 2000 US$296,7 miljard per jaar, en was vergelijkbaar met Zuid-Amerika (US$292,8 miljard). Het aandeel in de wereld was 3,8%, en 9,7% in Europa.

Het aandeel van de overheidsuitgaven in het BBP van Oost-Europa was 18,0% in de jaren 2000, en was vergelijkbaar met Estland (18,0%), Bulgarije (17,9%), Wit-Rusland (18,0%).

De overheidsuitgaven per hoofd in Oost-Europa was $993,3 in de jaren 2000s, en was vergelijkbaar met Brazilië (US$1.003,2), Botswana (US$972,5). De overheidsuitgaven per hoofd in Oost-Europa was 17,3% lager dan de overheidsuitgaven per hoofd van de bevolking in de wereld ($1.200,9), en was in 4,2 keer lager dan de overheidsuitgaven per hoofd van de bevolking in Europa ($1.200,9).

De groei van de overheidsuitgaven in Oost-Europa bedroeg 2% in de jaren 2000, en was vergelijkbaar met Kroatië (2,0%), Centraal-Afrika (2,0%). De groei van de overheidsuitgaven in Oost-Europa (2,0%) was minder dan de groei van de overheidsuitgaven in de wereld (3,1%), was minder dan de groei van de overheidsuitgaven in Europa (2,1%).

Vergelijking met subregio's. De overheidsuitgaven van Oost-Europa was minder dan in West-Europa (US$1,3 biljoen), in Noord-Europa (US$757,5 miljard) en in Zuid-Europa (US$648,2 miljard). De overheidsuitgaven per hoofd in Oost-Europa was in Oost-Europa minder dan in Noord-Europa (US$7,9 duizend), in West-Europa (US$7,2 duizend) en in Zuid-Europa (US$4,4 duizend). De groei van de overheidsuitgaven in Oost-Europa was groter dan in West-Europa (1,8%); maar minder dan in Zuid-Europa (2,7%) en in Noord-Europa (2,5%).

Leiders. De overheidsuitgaven van Oost-Europa in de jaren 2000 bestond uit: Rusland (45,9%), Polen (19,3%), Tsjechië (9,2%), Hongarije (7,4%), Roemenië (5,6%), en andere (12,5%). Het aandeel van de overheidsuitgaven in BBP van de leiders: Hongarije (21,8%), Tsjechië (20,1%), Polen (18,5%), Rusland (17,1%) en Roemenië (16,1%). De overheidsuitgaven per hoofd in Oost-Europa onder de leiders: Tsjechië ($2.644,9), Hongarije ($2.189,1), Polen ($1.488,7), Rusland ($943,7) en Roemenië ($781,7). De groei van de overheidsuitgaven onder de leiders: Polen (4,1%), Hongarije (2,3%), Tsjechië (2,1%), Rusland (1,7%) en Roemenië (-1,2%).

de jaren 2010

De overheidsuitgaven van Oost-Europa bedroeg in de jaren 2010 US$579,6 miljard per jaar. Het aandeel in de wereld was 4,4%, en 13,7% in Europa.

Het aandeel van de overheidsuitgaven in het BBP van Oost-Europa was 18,0% in de jaren 2010, en was vergelijkbaar met Rusland (18,0%), Letland (18,0%), Bhutan (18,1%).

De overheidsuitgaven per hoofd in Oost-Europa was $1.969,5 in de jaren 2010s, en was vergelijkbaar met Chili (US$1.926,2). De overheidsuitgaven per hoofd in Oost-Europa was 10,3% hoger dan de overheidsuitgaven per hoofd van de bevolking in de wereld ($1.785,1), en was in 2,9 keer lager dan de overheidsuitgaven per hoofd van de bevolking in Europa ($1.785,1).

De groei van de overheidsuitgaven in Oost-Europa bedroeg 1.1% in de jaren 2010. De groei van de overheidsuitgaven in Oost-Europa (1,1%) was minder dan de groei van de overheidsuitgaven in de wereld (2,3%), was groter dan de groei van de overheidsuitgaven in Europa (0,99%).

Vergelijking met subregio's. De overheidsuitgaven van Oost-Europa was 3,2 keer minder dan in West-Europa (US$1,9 biljoen), 42,1% minder dan in Noord-Europa (US$1,0 biljoen) en 27,1% minder dan in Zuid-Europa (US$794,7 miljard). De overheidsuitgaven per hoofd in Oost-Europa was in Oost-Europa4,9 keer minder dan in Noord-Europa (US$9,7 duizend), 4,9 keer minder dan in West-Europa (US$9,6 duizend) en 2,6 keer minder dan in Zuid-Europa (US$5,2 duizend). De groei van de overheidsuitgaven in Oost-Europa was groter dan in Zuid-Europa (-0,30%); maar minder dan in West-Europa (1,4%) en in Noord-Europa (1,2%).

Leiders. De overheidsuitgaven van Oost-Europa in de jaren 2010 bestond uit: Rusland (55,2%), Polen (16,4%), Tsjechië (7,3%), Roemenië (5,2%), Hongarije (4,8%), en andere (11,1%). Het aandeel van de overheidsuitgaven in BBP van de leiders: Hongarije (20,1%), Tsjechië (19,5%), Polen (18,1%), Rusland (18,0%) en Roemenië (15,2%). De overheidsuitgaven per hoofd in Oost-Europa onder de leiders: Tsjechië ($3.985,5), Hongarije ($2.868,0), Polen ($2.490,0), Rusland ($2.210,5) en Roemenië ($1.514,3). De groei van de overheidsuitgaven onder de leiders: Polen (2,4%), Roemenië (1,9%), Hongarije (1,7%), Tsjechië (1,1%) en Rusland (0,51%).

Hoofdstuk XIII. Huishoudelijke uitgaven

Consumptieve bestedingen van de huishoudens

De huishoudelijke uitgaven van Oost-Europa steeg van US$379,7 miljard per jaar in de jaren 1970 tot US$1,8 biljoen per jaar in de jaren 2010, dat wil zeggen met US$1,4 biljoen of 4,6 keer. De verandering vond plaats op US$730,4 miljard als gevolg van een 1,7-voudige stijging van de prijzen, en ook op US$694,1 miljard als gevolg van een 3,1-voudige toename van het tarief per hoofd , evenals op -US$52,6 miljard als gevolg van de afname van de bevolking. De gemiddelde jaarlijkse groei van de huishoudelijke uitgaven is 2,8%. De minimumwaarde van de huishoudelijke uitgaven bedroeg US$245,8 miljard in 1970. De maximumwaarde van de huishoudelijke uitgaven bedroeg US$2,1 biljoen in 2013.

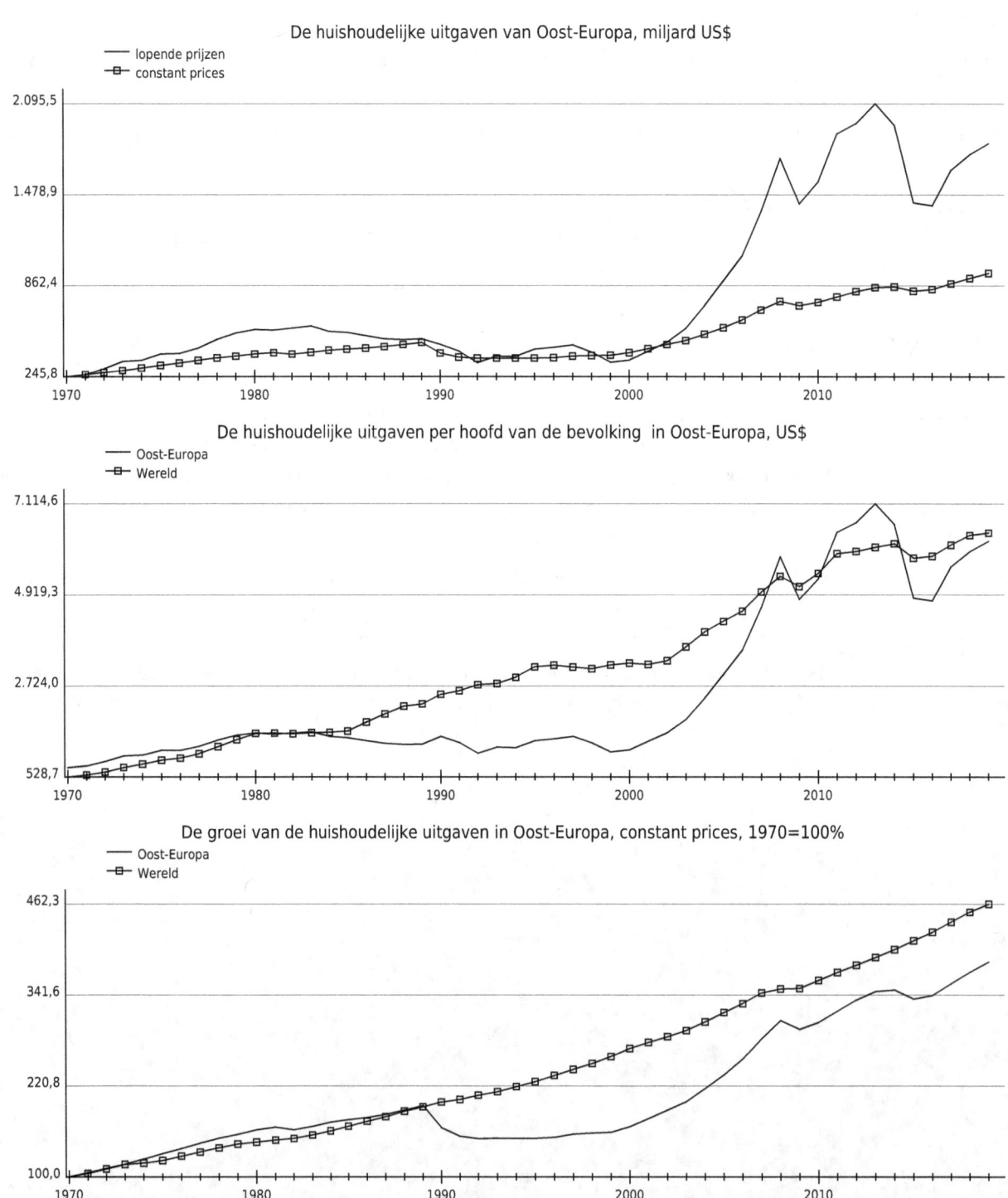

De huishoudelijke uitgaven van Oost-Europa, miljard US$

- lopende prijzen
- constant prices

De huishoudelijke uitgaven per hoofd van de bevolking in Oost-Europa, US$

- Oost-Europa
- Wereld

De groei van de huishoudelijke uitgaven in Oost-Europa, constant prices, 1970=100%

- Oost-Europa
- Wereld

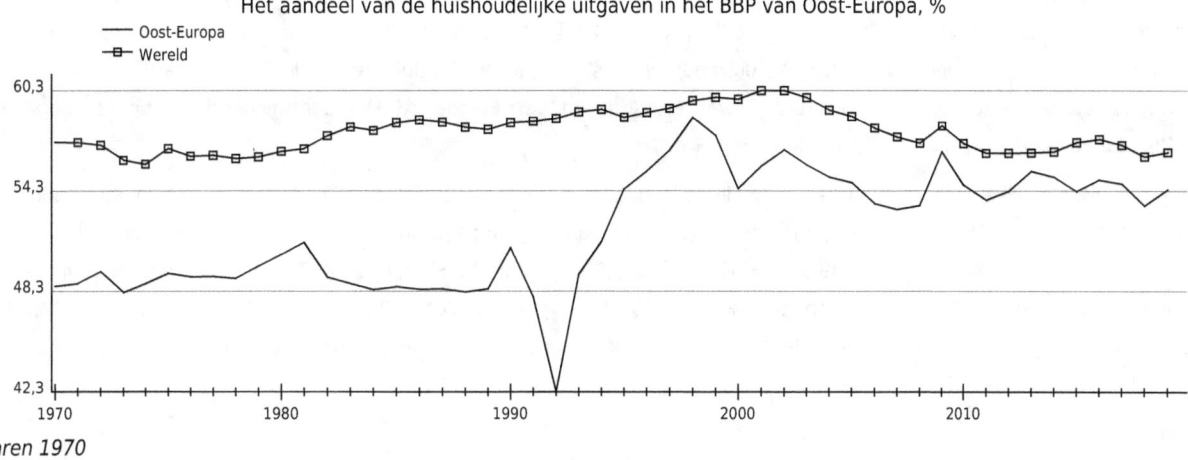

Het aandeel van de huishoudelijke uitgaven in het BBP van Oost-Europa, %

de jaren 1970

De huishoudelijke uitgaven van Oost-Europa bedroeg in de jaren 1970 US$379,7 miljard per jaar. Het aandeel in de wereld was 10,3%, en 25,6% in Europa.

Het aandeel van de huishoudelijke uitgaven in het BBP van Oost-Europa was 49,1% in de jaren 1970, en was vergelijkbaar met de Turks- en Caicoseilanden (49,2%), Zweden (48,9%), Papoea-Nieuw-Guinea (49,3%).

De huishoudelijke uitgaven per hoofd in Oost-Europa was $1.111,6 in de jaren 1970s, en was vergelijkbaar met Malta (US$1.111,1), Costa Rica (US$1.104,8), Mexico (US$1.128,9). De huishoudelijke uitgaven per hoofd in Oost-Europa was 21,5% hoger dan de huishoudelijke uitgaven per hoofd van de bevolking in de wereld ($914,8), en was 45,5% lager dan de huishoudelijke uitgaven per hoofd van de bevolking in Europa ($914,8).

De groei van de huishoudelijke uitgaven in Oost-Europa bedroeg 5.1% in de jaren 1970, en was vergelijkbaar met Japan (5,1%). De groei van de huishoudelijke uitgaven in Oost-Europa (5,1%) was groter dan de groei van de huishoudelijke uitgaven in de wereld (4,1%), was groter dan de groei van de huishoudelijke uitgaven in Europa (3,7%).

Vergelijking met subregio's. De huishoudelijke uitgaven van Oost-Europa was groter dan in Noord-Europa (US$253,1 miljard) en in Zuid-Europa (US$245,1 miljard); maar minder dan in West-Europa (US$602,9 miljard). De huishoudelijke uitgaven per hoofd in Oost-Europa was in Oost-Europa minder dan in West-Europa (US$3,5 duizend), in Noord-Europa (US$3,1 duizend) en in Zuid-Europa (US$1.848,8). De groei van de huishoudelijke uitgaven in Oost-Europa was groter dan in Zuid-Europa (4,1%), in West-Europa (3,6%) en in Noord-Europa (2,6%).

Leiders. De huishoudelijke uitgaven van Oost-Europa in de jaren 1970 bestond uit: Sovjet-Unie (81,8%), Polen (8,1%), Tsjecho-Slowakije (3,5%), Roemenië (3,1%), Bulgarije (1,9%), en andere (1,6%). Het aandeel van de huishoudelijke uitgaven in BBP van de leiders: Polen (62,8%), Bulgarije (61,5%), Roemenië (50,7%), Sovjet-Unie (47,8%) en Tsjecho-Slowakije (47,7%). De huishoudelijke uitgaven per hoofd in Oost-Europa onder de leiders: Sovjet-Unie ($1.231,6), Tsjecho-Slowakije ($909,5), Polen ($909,5), Bulgarije ($813,5) en Roemenië ($545,0). De groei van de huishoudelijke uitgaven onder de leiders: Roemenië (8,6%), Bulgarije (7,0%), Polen (5,8%), Tsjecho-Slowakije (4,9%) en Sovjet-Unie (4,7%).

de jaren 1980

De huishoudelijke uitgaven van Oost-Europa bedroeg in de jaren 1980 US$541,4 miljard per jaar. Het aandeel in de wereld was 6,2%, en 17,7% in Europa.

Het aandeel van de huishoudelijke uitgaven in het BBP van Oost-Europa was 49,0% in de jaren 1980, en was vergelijkbaar met Zweden (48,9%), de Turks- en Caicoseilanden (49,2%), de Maldiven (48,6%).

De huishoudelijke uitgaven per hoofd in Oost-Europa was $1.462,8 in de jaren 1980s. De huishoudelijke uitgaven per hoofd in Oost-Europa was 19,1% lager dan de huishoudelijke uitgaven per hoofd van de bevolking in de wereld ($1.808,0), en was in 2,7 keer lager dan de huishoudelijke uitgaven per hoofd van de bevolking in Europa ($1.808,0).

De groei van de huishoudelijke uitgaven in Oost-Europa bedroeg 2.2% in de jaren 1980, en was vergelijkbaar met Roemenië (2,2%). De groei van de huishoudelijke uitgaven in Oost-Europa (2,2%) was minder dan de groei van de huishoudelijke uitgaven in de wereld (3,0%), was minder dan de groei van de huishoudelijke uitgaven in Europa (2,3%).

Vergelijking met subregio's. De huishoudelijke uitgaven van Oost-Europa was minder dan in West-Europa (US$1,3 biljoen), in Noord-Europa (US$622,6 miljard) en in Zuid-Europa (US$609,8 miljard). De huishoudelijke uitgaven per hoofd in Oost-Europa was in Oost-Europa minder dan in Noord-Europa (US$7,5 duizend), in West-Europa (US$7,4 duizend) en in Zuid-Europa (US$4,3 duizend). De groei van de huishoudelijke uitgaven in Oost-Europa was groter dan in West-Europa (1,9%); maar minder dan in Noord-Europa (3,0%) en in Zuid-Europa (2,6%).

Leiders. De huishoudelijke uitgaven van Oost-Europa in de jaren 1980 bestond uit: Sovjet-Unie (78,4%), Polen (7,5%), Roemenië (5,1%), Tsjecho-Slowakije (4,6%), Hongarije (2,5%), en andere (1,9%). Het aandeel van de huishoudelijke uitgaven in BBP van de leiders: Polen (57,1%), Roemenië (54,4%), Hongarije (49,6%), Sovjet-Unie (47,9%) en Tsjecho-Slowakije (47,3%). De huishoudelijke uitgaven per hoofd in Oost-Europa onder de leiders: Tsjecho-Slowakije ($1.604,1), Sovjet-Unie ($1.542,8), Hongarije ($1.273,1), Roemenië ($1.202,3) en Polen ($1.103,6). De groei van de huishoudelijke uitgaven onder de leiders: Sovjet-Unie (3,0%), Roemenië (2,2%), Tsjecho-Slowakije (1,8%), Hongarije (0,91%) en Polen (-0,10%).

de jaren 1990

De huishoudelijke uitgaven van Oost-Europa bedroeg in de jaren 1990 US$409,1 miljard per jaar. Het aandeel in de wereld was 2,4%, en 7,3% in Europa.

Het aandeel van de huishoudelijke uitgaven in het BBP van Oost-Europa was 52,2% in de jaren 1990, en was vergelijkbaar met Bahrein (52,2%), Oost-Azië (52,1%), Thailand (52,1%).

De huishoudelijke uitgaven per hoofd in Oost-Europa was $1.324,5 in de jaren 1990s, en was vergelijkbaar met Ecuador (US$1.322,8), Namibië (US$1.328,0), Rusland (US$1.342,0). De huishoudelijke uitgaven per hoofd in Oost-Europa was in 2,2 keer lager dan de huishoudelijke uitgaven per hoofd van de bevolking in de wereld ($2.963,9), en was in 5,8 keer lager dan de huishoudelijke uitgaven per hoofd van de bevolking in Europa ($2.963,9).

De groei van de huishoudelijke uitgaven in Oost-Europa bedroeg -2% in de jaren 1990. De groei van de huishoudelijke uitgaven in Oost-Europa (-2,0%) was minder dan de groei van de huishoudelijke uitgaven in de wereld (3,0%), was minder dan de groei van de huishoudelijke uitgaven in Europa (1,8%).

Vergelijking met subregio's. De huishoudelijke uitgaven van Oost-Europa was minder dan in West-Europa (US$2,6 biljoen), in Zuid-Europa (US$1,3 biljoen) en in Noord-Europa (US$1,3 biljoen). De huishoudelijke uitgaven per hoofd in Oost-Europa was in Oost-Europa minder dan in West-Europa (US$14,5 duizend), in Noord-Europa (US$13,8 duizend) en in Zuid-Europa (US$8,9 duizend). De groei van de huishoudelijke uitgaven in Oost-Europa was minder dan in Noord-Europa (2,7%), in West-Europa (2,0%) en in Zuid-Europa (2,0%).

Leiders. De huishoudelijke uitgaven van Oost-Europa in de jaren 1990 bestond uit: Rusland (48,5%), Polen (18,6%), Oekraïne (8,2%), Tsjechië (6,3%), Roemenië (5,7%), en andere (12,7%). Het aandeel van de huishoudelijke uitgaven in BBP van de leiders: Roemenië (69,0%), Polen (60,5%), Oekraïne (54,2%), Tsjechië (49,8%) en Rusland (47,5%). De huishoudelijke uitgaven per hoofd in Oost-Europa onder de leiders: Tsjechië ($2.486,2), Polen ($1.987,8), Rusland ($1.342,0), Roemenië ($1.022,4) en Oekraïne ($657,1). De groei van de huishoudelijke uitgaven onder de leiders: Polen (3,2%), Tsjechië (0,77%), Roemenië (0,17%), Rusland (-1,8%) en Oekraïne (-7,8%).

de jaren 2000

De huishoudelijke uitgaven van Oost-Europa bedroeg in de jaren 2000 US$901,7 miljard per jaar. Het aandeel in de wereld was 3,3%, en 10,4% in Europa.

Het aandeel van de huishoudelijke uitgaven in het BBP van Oost-Europa was 54,6% in de jaren 2000, en was vergelijkbaar met Wit-Rusland (54,5%), Liechtenstein (54,8%), Thailand (54,4%).

De huishoudelijke uitgaven per hoofd in Oost-Europa was $3.019,0 in de jaren 2000s, en was vergelijkbaar met Panama (US$3,1 duizend), Zuid-Amerika (US$3,1 duizend). De huishoudelijke uitgaven per hoofd in Oost-Europa was 28,3% lager dan de huishoudelijke uitgaven per hoofd van de bevolking in de wereld ($4.208,2), en was in 3,9 keer lager dan de huishoudelijke uitgaven per hoofd van de bevolking in Europa ($4.208,2).

De groei van de huishoudelijke uitgaven in Oost-Europa bedroeg 6.4% in de jaren 2000, en was vergelijkbaar met de Turks- en Caicoseilanden (6,4%), Soedan (6,4%), Bulgarije (6,4%). De groei van de huishoudelijke uitgaven in Oost-Europa (6,4%) was groter dan de groei van de huishoudelijke uitgaven in de wereld (3,0%), was groter dan de groei van de huishoudelijke uitgaven in Europa

(2,0%).

Vergelijking met subregio's. De huishoudelijke uitgaven van Oost-Europa was minder dan in West-Europa (US$3,6 biljoen), in Noord-Europa (US$2,2 biljoen) en in Zuid-Europa (US$2,1 biljoen). De huishoudelijke uitgaven per hoofd in Oost-Europa was in Oost-Europa minder dan in Noord-Europa (US$22,4 duizend), in West-Europa (US$19,2 duizend) en in Zuid-Europa (US$13,8 duizend). De groei van de huishoudelijke uitgaven in Oost-Europa was groter dan in Noord-Europa (2,3%), in Zuid-Europa (1,5%) en in West-Europa (1,1%).

Leiders. De huishoudelijke uitgaven van Oost-Europa in de jaren 2000 bestond uit: Rusland (43,7%), Polen (21,5%), Roemenië (7,7%), Tsjechië (7,2%), Hongarije (6,1%), en andere (13,7%). Het aandeel van de huishoudelijke uitgaven in BBP van de leiders: Roemenië (66,6%), Polen (62,8%), Hongarije (54,3%), Rusland (49,6%) en Tsjechië (48,1%). De huishoudelijke uitgaven per hoofd in Oost-Europa onder de leiders: Tsjechië ($6.339,2), Hongarije ($5.462,4), Polen ($5.048,8), Roemenië ($3.242,5) en Rusland ($2.730,8). De groei van de huishoudelijke uitgaven onder de leiders: Rusland (8,6%), Roemenië (7,7%), Polen (3,7%), Tsjechië (3,0%) en Hongarije (2,3%).

de jaren 2010

De huishoudelijke uitgaven van Oost-Europa bedroeg in de jaren 2010 US$1,8 biljoen per jaar, en was vergelijkbaar met het Verenigd Koninkrijk (US$1,8 biljoen). Het aandeel in de wereld was 4,0%, en 15,1% in Europa.

Het aandeel van de huishoudelijke uitgaven in het BBP van Oost-Europa was 54,5% in de jaren 2010, en was vergelijkbaar met Frankrijk (54,4%), Slovenië (54,6%), Monaco (54,4%).

De huishoudelijke uitgaven per hoofd in Oost-Europa was $5.952,0 in de jaren 2010s, en was vergelijkbaar met de Cookeilanden (US$6,0 duizend), Dominica (US$6,0 duizend), de Wereld (US$6,0 duizend). De huishoudelijke uitgaven per hoofd in Oost-Europa was 1,1% lager dan de huishoudelijke uitgaven per hoofd van de bevolking in de wereld ($6.018,5), en was in 2,6 keer lager dan de huishoudelijke uitgaven per hoofd van de bevolking in Europa ($6.018,5).

De groei van de huishoudelijke uitgaven in Oost-Europa bedroeg 2.7% in de jaren 2010, en was vergelijkbaar met Ecuador (2,7%), Vanuatu (2,7%). De groei van de huishoudelijke uitgaven in Oost-Europa (2,7%) was minder dan de groei van de huishoudelijke uitgaven in de wereld (2,8%), was groter dan de groei van de huishoudelijke uitgaven in Europa (1,3%).

Vergelijking met subregio's. De huishoudelijke uitgaven van Oost-Europa was 2,7 keer minder dan in West-Europa (US$4,7 biljoen), 35,0% minder dan in Noord-Europa (US$2,7 biljoen) en 29,6% minder dan in Zuid-Europa (US$2,5 biljoen). De huishoudelijke uitgaven per hoofd in Oost-Europa was in Oost-Europa4,4 keer minder dan in Noord-Europa (US$26,2 duizend), 4,1 keer minder dan in West-Europa (US$24,2 duizend) en 2,7 keer minder dan in Zuid-Europa (US$16,3 duizend). De groei van de huishoudelijke uitgaven in Oost-Europa was groter dan in Noord-Europa (1,8%), in West-Europa (1,3%) en in Zuid-Europa (0,15%).

Leiders. De huishoudelijke uitgaven van Oost-Europa in de jaren 2010 bestond uit: Rusland (52,2%), Polen (17,8%), Roemenië (7,1%), Tsjechië (6,0%), Oekraïne (5,4%), en andere (11,5%). Het aandeel van de huishoudelijke uitgaven in BBP van de leiders: Oekraïne (69,1%), Roemenië (62,8%), Polen (59,7%), Rusland (51,5%) en Tsjechië (48,2%). De huishoudelijke uitgaven per hoofd in Oost-Europa onder de leiders: Tsjechië ($9.868,6), Polen ($8.193,7), Rusland ($6.316,6), Roemenië ($6.239,0) en Oekraïne ($2.111,1). De groei van de huishoudelijke uitgaven onder de leiders: Roemenië (4,0%), Oekraïne (3,2%), Polen (2,9%), Rusland (2,4%) en Tsjechië (2,1%).

Hoofdstuk XIV. Voedsel consumptie

Tijdens de onderzoeksperiode groeide de voedselconsumptie in stimulerende middelen (in 2,9 keer), noten (met 93,8%), plantaardige oliën (met 81,7%), fruit (met 60,3%), alcoholische dranken (met 55,8%), groenten (met 29,1%), eieren (met 24,7%), vlees (met 11,3%), suiker (met 1,8%), maar daalde in specerijen (met 3,1%), melk (met 8,1%), zetmeelrijke wortels (met 9,4%), granen (met 22,7%), vis (met 30,8%), peulvruchten (met 91,8%).

Dit zijn de correlatiecoëfficiënten tussen het bni per hoofd van de bevolking in constante prijzen en de voedselconsumptie: fruit (0.967), groenten (0.964), plantaardige oliën (0.948), noten (0.923), eieren (0.847), alcoholische dranken (0.828), stimulerende middelen (0.811), vlees (0.522), suiker (0.373), specerijen (0.139), melk (-0.206), vis (-0.251), zetmeelrijke wortels (-0.594), peulvruchten (-0.721), granen (-0.773).

de jaren 1970

De consumptie van kcal in Oost-Europa was 3.356,6 kcal/hoofd/dag in the 1970s, and was on a par with Tsjecho-Slowakije (3.355,2 kcal/hoofd/dag), de Sovjet-Unie (3.353,4 kcal/hoofd/dag). De consumptie van kcal in Oost-Europa was groter dan in de wereld (2.403,2 kcal/hoofd/dag), en was groter dan in Europa (3.283,8 kcal/hoofd/dag). De structuur van de consumptie: granen (39.4%), suiker (12.6%), vlees (8.8%), melk (8.3%), zetmeelrijke wortels (6.5%), en anderen (24.4%).

De consumptie van eiwitten in Oost-Europa was 102,9 g/hoofd/dag in the 1970s, and was on a par with Nieuw-Zeeland (102,2 g/hoofd/dag), de Sovjet-Unie (103,8 g/hoofd/dag), Oceanië (103,8 g/hoofd/dag). De consumptie van eiwitten in Oost-Europa was groter dan in de wereld (65,0 g/hoofd/dag), en was groter dan in Europa (98,6 g/hoofd/dag). De structuur van de consumptie: granen (39.6%), vlees (19.4%), melk (16.5%), vis (6.9%), zetmeelrijke wortels (5.1%), en anderen (12.5%).

De consumptie van vet in Oost-Europa was 94,5 g/hoofd/dag in the 1970s, and was on a par with Samoa (94,2 g/hoofd/dag), Bulgarije (94,8 g/hoofd/dag), Cyprus (95,0 g/hoofd/dag). De consumptie van vet in Oost-Europa was groter dan in de wereld (55,1 g/hoofd/dag), en was minder dan in Europa (109,6 g/hoofd/dag). De structuur van de consumptie: vlees (24.6%), plantaardige oliën (21.3%), melk (16.1%), granen (5.7%), eieren (3.3%), en anderen (29%).

Dit zijn niveaus van voedselconsumptie: melk (189,3 kg/hoofd/jr), granen (179,9 kg/hoofd/jr), zetmeelrijke wortels (119,4 kg/hoofd/jr), groenten (93,4 kg/hoofd/jr), vlees (59,7 kg/hoofd/jr), alcoholische dranken (58,4 kg/hoofd/jr), suiker (43,5 kg/hoofd/jr), fruit (40,0 kg/hoofd/jr), vis (21,7 kg/hoofd/jr), eieren (11,4 kg/hoofd/jr), plantaardige oliën (7,6 kg/hoofd/jr), peulvruchten (3,5 kg/hoofd/jr), stimulerende middelen (1,4 kg/hoofd/jr), noten (0,67 kg/hoofd/jr), specerijen (0,54 kg/hoofd/jr).

de jaren 1980

De consumptie van kcal in Oost-Europa was 3.369,6 kcal/hoofd/dag in the 1980s, and was on a par with Duitsland (3.367,5 kcal/hoofd/dag), de Sovjet-Unie (3.377,5 kcal/hoofd/dag), West-Europa (3.386,1 kcal/hoofd/dag). De consumptie van kcal in Oost-Europa was groter dan in de wereld (2.572,3 kcal/hoofd/dag), en was groter dan in Europa (3.346,9 kcal/hoofd/dag). De structuur van de consumptie: granen (37%), suiker (13.5%), vlees (9.8%), melk (7.3%), plantaardige oliën (6.5%), en anderen (25.9%).

De consumptie van eiwitten in Oost-Europa was 104,0 g/hoofd/dag in the 1980s, and was on a par with Hongarije (104,0 g/hoofd/dag), Joegoslavië (103,9 g/hoofd/dag), Turkije (104,1 g/hoofd/dag). De consumptie van eiwitten in Oost-Europa was groter dan in de wereld (69,1 g/hoofd/dag), en was groter dan in Europa (102,3 g/hoofd/dag). De structuur van de consumptie: granen (37.2%), vlees (22%), melk (15.2%), vis (7.7%), zetmeelrijke wortels (4.4%), en anderen (13.5%).

De consumptie van vet in Oost-Europa was 103,1 g/hoofd/dag in the 1980s, and was on a par with Cyprus (103,2 g/hoofd/dag), Samoa (103,6 g/hoofd/dag), Macau (103,6 g/hoofd/dag). De consumptie van vet in Oost-Europa was groter dan in de wereld (63,2 g/hoofd/dag), en was minder dan in Europa (119,5 g/hoofd/dag). De structuur van de consumptie: vlees (25%), plantaardige oliën (24%), melk (12.9%), granen (4.9%), eieren (3.8%), en anderen (29.4%).

Dit zijn niveaus van voedselconsumptie: melk (180,0 kg/hoofd/jr), granen (166,5 kg/hoofd/jr), groenten (105,3 kg/hoofd/jr), zetmeelrijke wortels (103,4 kg/hoofd/jr), vlees (67,5 kg/hoofd/jr), alcoholische dranken (56,9 kg/hoofd/jr), suiker (46,7 kg/hoofd/jr), fruit (46,0 kg/hoofd/jr), vis (23,3 kg/hoofd/jr), eieren (14,3 kg/hoofd/jr), plantaardige oliën (9,4 kg/hoofd/jr), peulvruchten (2,5 kg/hoofd/jr), stimulerende middelen (2,0 kg/hoofd/jr), noten (0,73 kg/hoofd/jr), specerijen (0,64 kg/hoofd/jr).

de jaren 1990

De consumptie van kcal in Oost-Europa was 3.031,4 kcal/hoofd/dag in the 1990s, and was on a par with Marokko (3.031,2 kcal/hoofd/dag), Amerika (3.035,8 kcal/hoofd/dag), Iran (3.040,4 kcal/hoofd/dag). De consumptie van kcal in Oost-Europa was groter dan in de wereld (2.652,6 kcal/hoofd/dag), en was minder dan in Europa (3.214,0 kcal/hoofd/dag). De structuur van de consumptie: granen (39.2%), suiker (12.2%), vlees (9.5%), melk (7.9%), plantaardige oliën (7%), en anderen (24.2%).

De consumptie van eiwitten in Oost-Europa was 91,9 g/hoofd/dag in the 1990s, and was on a par with Frans-Polynesië (91,3 g/hoofd/dag), Roemenië (92,7 g/hoofd/dag). De consumptie van eiwitten in Oost-Europa was groter dan in de wereld (72,1 g/hoofd/dag), en was minder dan in Europa (97,9 g/hoofd/dag). De structuur van de consumptie: granen (38.6%), vlees (21.9%), melk (16%), zetmeelrijke wortels (5.3%), vis (5.1%), en anderen (13.1%).

De consumptie van vet in Oost-Europa was 89,7 g/hoofd/dag in the 1990s, and was on a par with Estland (88,8 g/hoofd/dag). De consumptie van vet in Oost-Europa was groter dan in de wereld (69,0 g/hoofd/dag), en was minder dan in Europa (119,3 g/hoofd/dag). De structuur van de consumptie: plantaardige oliën (26.7%), vlees (24.8%), melk (14.5%), granen (5.2%), eieren (3.6%), en anderen (25.2%).

Dit zijn niveaus van voedselconsumptie: melk (160,8 kg/hoofd/jr), granen (155,3 kg/hoofd/jr), zetmeelrijke wortels (112,3 kg/hoofd/jr), groenten (93,4 kg/hoofd/jr), vlees (58,7 kg/hoofd/jr), alcoholische dranken (47,0 kg/hoofd/jr), fruit (40,6 kg/hoofd/jr), suiker (38,5 kg/hoofd/jr), vis (13,9 kg/hoofd/jr), eieren (11,9 kg/hoofd/jr), plantaardige oliën (8,9 kg/hoofd/jr), stimulerende middelen (2,5 kg/hoofd/jr), peulvruchten (2,0 kg/hoofd/jr), noten (0,61 kg/hoofd/jr), specerijen (0,39 kg/hoofd/jr).

de jaren 2000

De consumptie van kcal in Oost-Europa was 3.164,5 kcal/hoofd/dag in the 2000s, and was on a par with Hongarije (3.159,5 kcal/hoofd/dag), Nieuw-Zeeland (3.155,5 kcal/hoofd/dag), Estland (3.154,6 kcal/hoofd/dag). De consumptie van kcal in Oost-Europa was groter dan in de wereld (2.765,9 kcal/hoofd/dag), en was minder dan in Europa (3.316,3 kcal/hoofd/dag). De structuur van de consumptie: granen (36.5%), suiker (12.8%), plantaardige oliën (9.2%), melk (8.3%), vlees (8.1%), en anderen (25.1%).

De consumptie van eiwitten in Oost-Europa was 92,5 g/hoofd/dag in the 2000s, and was on a par with Japan (92,3 g/hoofd/dag), Estland (92,7 g/hoofd/dag), Nieuw-Zeeland (92,1 g/hoofd/dag). De consumptie van eiwitten in Oost-Europa was groter dan in de wereld (76,5 g/hoofd/dag), en was minder dan in Europa (100,0 g/hoofd/dag). De structuur van de consumptie: granen (36.7%), vlees (20.8%), melk (16.9%), zetmeelrijke wortels (5.3%), vis (5.2%), en anderen (15.1%).

De consumptie van vet in Oost-Europa was 95,2 g/hoofd/dag in the 2000s, and was on a par with Fiji (95,4 g/hoofd/dag), Vanuatu (95,9 g/hoofd/dag), Litouwen (94,5 g/hoofd/dag). De consumptie van vet in Oost-Europa was groter dan in de wereld (76,9 g/hoofd/dag), en was minder dan in Europa (123,9 g/hoofd/dag). De structuur van de consumptie: plantaardige oliën (34.5%), vlees (20.1%), melk (15.8%), granen (4.5%), eieren (3.8%), en anderen (21.3%).

Dit zijn niveaus van voedselconsumptie: melk (168,4 kg/hoofd/jr), granen (150,2 kg/hoofd/jr), zetmeelrijke wortels (111,2 kg/hoofd/jr), groenten (111,1 kg/hoofd/jr), alcoholische dranken (80,5 kg/hoofd/jr), vlees (56,3 kg/hoofd/jr), fruit (52,7 kg/hoofd/jr), suiker (43,7 kg/hoofd/jr), vis (14,6 kg/hoofd/jr), eieren (13,3 kg/hoofd/jr), plantaardige oliën (12,1 kg/hoofd/jr), stimulerende middelen (4,1 kg/hoofd/jr), peulvruchten (1,8 kg/hoofd/jr), noten (0,96 kg/hoofd/jr), specerijen (0,44 kg/hoofd/jr).

de jaren 2010

De consumptie van kcal in Oost-Europa was 3.281,0 kcal/hoofd/dag in the 2010s, and was on a par with Hongkong (3.271,5 kcal/hoofd/dag), Estland (3.271,0 kcal/hoofd/dag), Cuba (3.300,0 kcal/hoofd/dag). De consumptie van kcal in Oost-Europa was groter dan in de wereld (2.869,3 kcal/hoofd/dag), en was minder dan in Europa (3.363,0 kcal/hoofd/dag). De structuur van de consumptie: granen (34.4%), suiker (12.3%), plantaardige oliën (10.2%), vlees (8.9%), melk (8.4%), en anderen (25.8%).

De consumptie van eiwitten in Oost-Europa was 97,2 g/hoofd/dag in the 2010s, and was on a par with Frans-Polynesië (97,5 g/hoofd/dag), Kazachstan (96,7 g/hoofd/dag), China (96,5 g/hoofd/dag). De consumptie van eiwitten in Oost-Europa was groter dan in de wereld (80,6 g/hoofd/dag), en was minder dan in Europa (102,1 g/hoofd/dag). De structuur van de consumptie: granen (34.1%), vlees (23.1%), melk (16.8%), vis (5.7%), zetmeelrijke wortels (4.9%), en anderen (15.4%).

De consumptie van vet in Voost-Europa was 105,9 g/hoofd/dag in the 2010s. De consumptie van vet in Oost-Europa was groter dan in de wereld (82,4 g/hoofd/dag), en was minder dan in Europa (128,7 g/hoofd/dag). De structuur van de consumptie: plantaardige oliën (35.7%), vlees (20.6%), melk (15%), granen (4.2%), eieren (3.6%), en anderen (20.9%).

Dit zijn niveaus van voedselconsumptie: melk (175,0 kg/hoofd/jr), granen (146,7 kg/hoofd/jr), groenten (120,5 kg/hoofd/jr), zetmeelrijke wortels (109,1 kg/hoofd/jr), alcoholische dranken (91,1 kg/hoofd/jr), vlees (66,4 kg/hoofd/jr), fruit (64,0 kg/hoofd/jr), suiker (44,2 kg/hoofd/jr), vis (16,6 kg/hoofd/jr), eieren (14,3 kg/hoofd/jr), plantaardige oliën (13,9 kg/hoofd/jr), stimulerende middelen (4,1 kg/hoofd/jr), peulvruchten (1,8 kg/hoofd/jr), noten (1,3 kg/hoofd/jr), specerijen (0,52 kg/hoofd/jr).

Part V. Reproductie

Index van Koesjnir, (-) consumptie - (+) reproductie

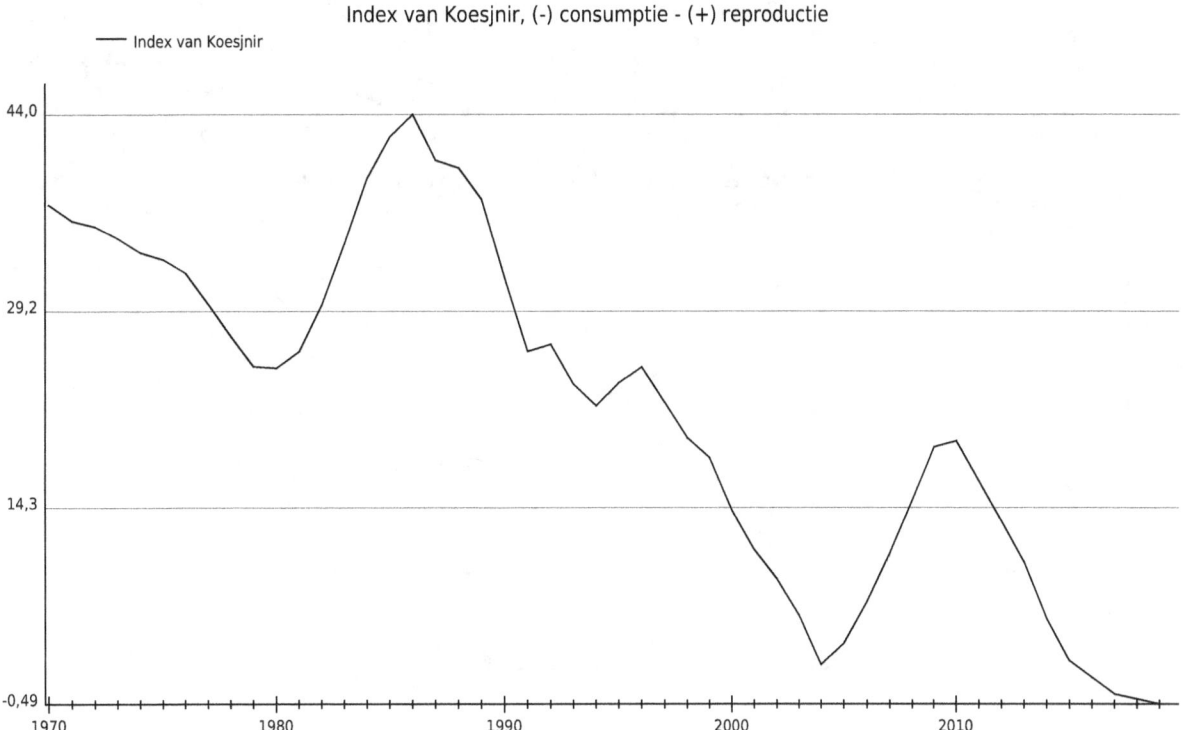

Hoofdstuk XV. Bruto-investeringen in vaste activa

De bruto-investeringen in vaste activa van Oost-Europa steeg van US$248,0 miljard per jaar in de jaren 1970 tot US$694,0 miljard per jaar in de jaren 2010, dat wil zeggen met US$446,0 miljard of 2,8 keer. De verandering vond plaats op US$452,6 miljard als gevolg van een 2,9-voudige stijging van de prijzen, en ook op US$27,7 miljard als gevolg van een 1,1-voudige toename van het tarief per hoofd , evenals op -US$34,3 miljard als gevolg van de afname van de bevolking. De gemiddelde jaarlijkse groei van de investeringen in vaste activa is 0,56%. De minimumwaarde van de investeringen in vaste activa bedroeg US$129,3 miljard in 1999. De maximumwaarde van de investeringen in vaste activa bedroeg US$825,9 miljard in 2008.

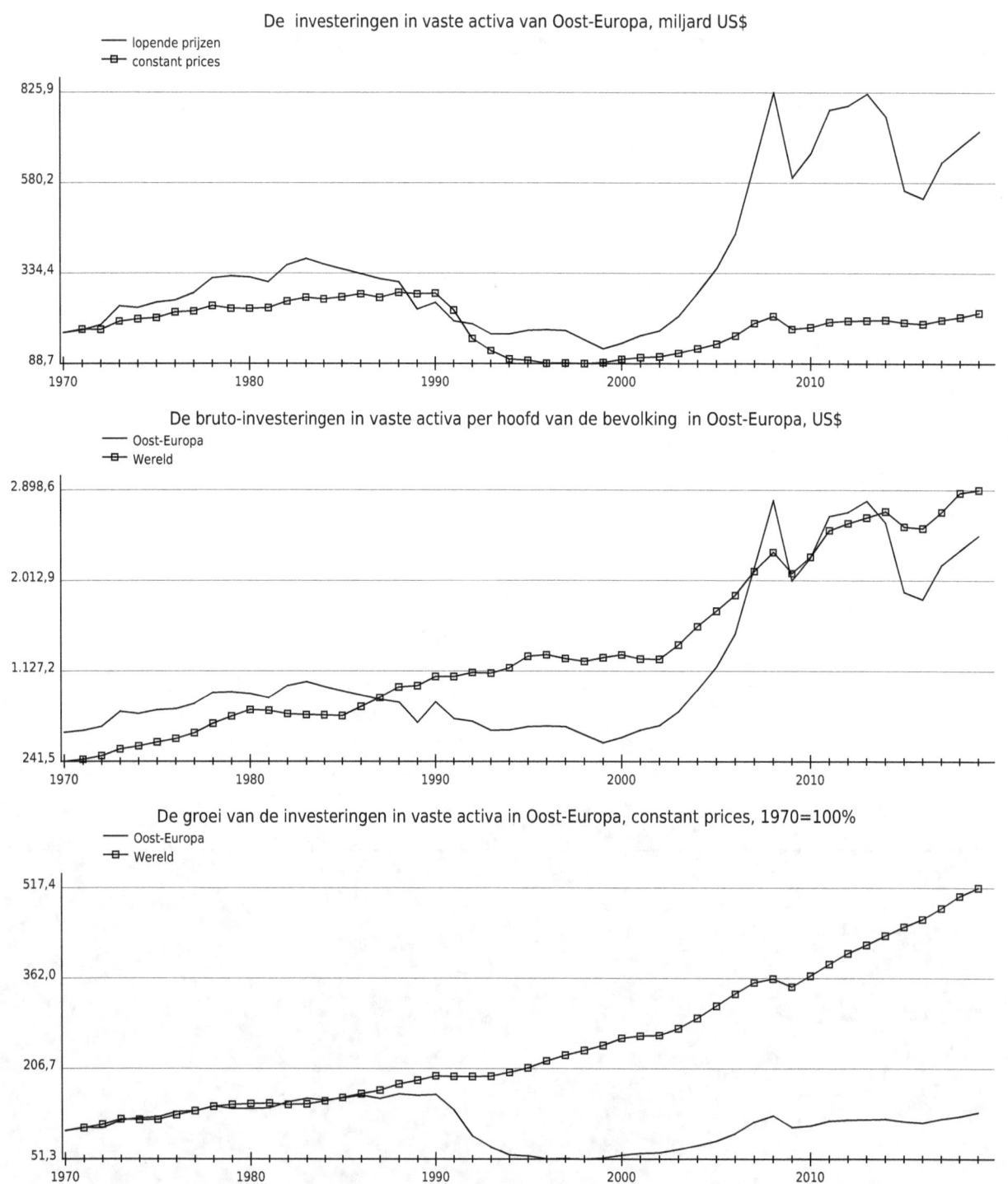

De investeringen in vaste activa van Oost-Europa, miljard US$

De bruto-investeringen in vaste activa per hoofd van de bevolking in Oost-Europa, US$

De groei van de investeringen in vaste activa in Oost-Europa, constant prices, 1970=100%

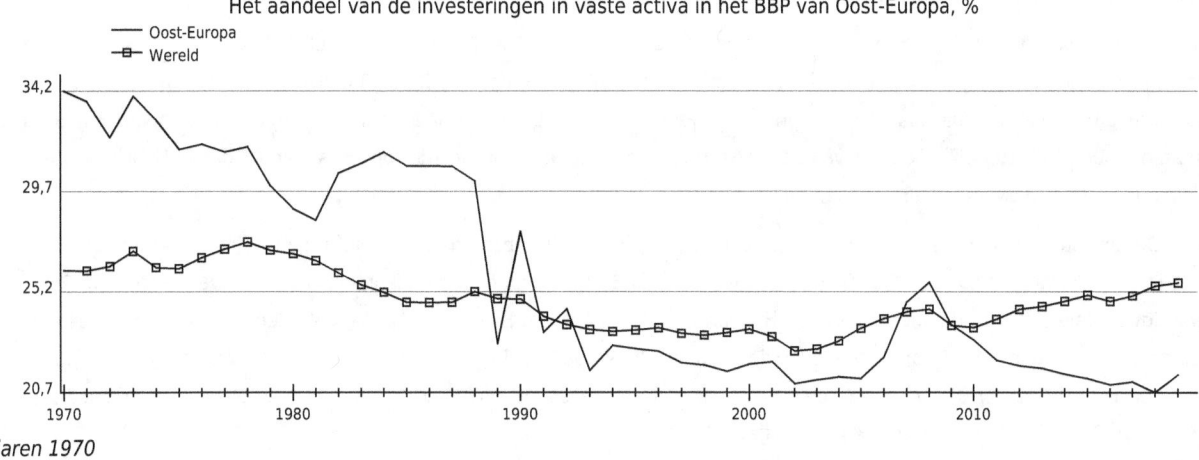

Het aandeel van de investeringen in vaste activa in het BBP van Oost-Europa, %

de jaren 1970

De investeringen in vaste activa van Oost-Europa bedroeg in de jaren 1970 US$248,0 miljard per jaar, en was vergelijkbaar met Oost-Azië (US$251,1 miljard). Het aandeel in de wereld was 14,2%, en 33,6% in Europa.

Het aandeel van de investeringen in vaste activa in het BBP van Oost-Europa was 32,0% in de jaren 1970, en was vergelijkbaar met IJsland (32,2%), de FS van Micronesië (31,8%), Oost-Azië (32,3%).

De bruto-investeringen in vaste activa per hoofd in Oost-Europa was $725,9 in de jaren 1970s, en was vergelijkbaar met Cyprus (US$708,6). De bruto-investeringen in vaste activa per hoofd in Oost-Europa was 67,5% hoger dan de investeringen in vaste activa per hoofd van de bevolking in de wereld ($433,5), en was 28,7% lager dan de investeringen in vaste activa per hoofd van de bevolking in Europa ($433,5).

De groei van de investeringen in vaste activa in Oost-Europa bedroeg 3.7% in de jaren 1970, en was vergelijkbaar met Israël (3,6%). De groei van de investeringen in vaste activa in Oost-Europa (3,7%) was minder dan de groei van de investeringen in vaste activa in de wereld (4,2%), was groter dan de groei van de investeringen in vaste activa in Europa (2,4%).

Vergelijking met subregio's. De investeringen in vaste activa van Oost-Europa was groter dan in Noord-Europa (US$106,6 miljard) en in Zuid-Europa (US$106,4 miljard); maar minder dan in West-Europa (US$277,6 miljard). De investeringen in vaste activa per hoofd in Oost-Europa was in Oost-Europa minder dan in West-Europa (US$1.633,0), in Noord-Europa (US$1.311,5) en in Zuid-Europa (US$802,3). De groei van de investeringen in vaste activa in Oost-Europa was groter dan in Zuid-Europa (2,8%), in West-Europa (1,7%) en in Noord-Europa (1,6%).

Leiders. De bruto-investeringen in vaste activa van Oost-Europa in de jaren 1970 bestond uit: Sovjet-Unie (86,5%), Polen (4,3%), Tsjecho-Slowakije (3,1%), Roemenië (2,8%), Hongarije (2,0%), en andere (1,3%). Het aandeel van de investeringen in vaste activa in BBP van de leiders: Hongarije (39,3%), Sovjet-Unie (33,0%), Roemenië (30,1%), Tsjecho-Slowakije (27,3%) en Polen (21,7%). De bruto-investeringen in vaste activa per hoofd in Oost-Europa onder de leiders: Sovjet-Unie ($850,9), Tsjecho-Slowakije ($519,2), Hongarije ($475,8), Roemenië ($323,1) en Polen ($313,7). De groei van de investeringen in vaste activa onder de leiders: Roemenië (13,6%), Hongarije (5,7%), Polen (5,7%), Tsjecho-Slowakije (4,6%) en Sovjet-Unie (3,2%).

de jaren 1980

De bruto-investeringen in vaste activa van Oost-Europa bedroeg in de jaren 1980 US$327,0 miljard per jaar. Het aandeel in de wereld was 8,6%, en 24,4% in Europa.

Het aandeel van de investeringen in vaste activa in het BBP van Oost-Europa was 29,6% in de jaren 1980, en was vergelijkbaar met Liechtenstein (29,6%), de Verenigde Arabische Emiraten (29,5%), China (29,7%).

De bruto-investeringen in vaste activa per hoofd in Oost-Europa was $883,4 in de jaren 1980s, en was vergelijkbaar met Malta (US$867,1), de Seychellen (US$862,3). De bruto-investeringen in vaste activa per hoofd in Oost-Europa was 11,7% hoger dan de investeringen in vaste activa per hoofd van de bevolking in de wereld ($790,9), en was 49,5% lager dan de investeringen in vaste activa per hoofd van de bevolking in Europa ($790,9).

De groei van de investeringen in vaste activa in Oost-Europa bedroeg 1.5% in de jaren 1980. De groei van de investeringen in vaste activa in Oost-Europa (1,5%) was minder dan de groei van de investeringen in vaste activa in de wereld (2,5%), was minder dan de groei van de investeringen in vaste activa in Europa (2,2%).

Vergelijking met subregio's. De bruto-investeringen in vaste activa van Oost-Europa was groter dan in Noord-Europa (US$242,8 miljard) en in Zuid-Europa (US$235,2 miljard); maar minder dan in West-Europa (US$537,0 miljard). De bruto-investeringen in vaste activa per hoofd in Oost-Europa was in Oost-Europa minder dan in West-Europa (US$3,1 duizend), in Noord-Europa (US$2,9 duizend) en in Zuid-Europa (US$1.664,7). De groei van de investeringen in vaste activa in Oost-Europa was minder dan in Noord-Europa (3,7%), in West-Europa (2,1%) en in Zuid-Europa (2,0%).

Leiders. De investeringen in vaste activa van Oost-Europa in de jaren 1980 bestond uit: Sovjet-Unie (82,9%), Roemenië (4,8%), Polen (4,6%), Tsjecho-Slowakije (3,9%), Hongarije (2,4%), en andere (1,3%). Het aandeel van de investeringen in vaste activa in BBP van de leiders: Sovjet-Unie (30,6%), Roemenië (30,5%), Hongarije (29,4%), Tsjecho-Slowakije (24,5%) en Polen (21,3%). De investeringen in vaste activa per hoofd in Oost-Europa onder de leiders: Sovjet-Unie ($984,8), Tsjecho-Slowakije ($830,4), Hongarije ($754,8), Roemenië ($674,1) en Polen ($412,1). De groei van de investeringen in vaste activa onder de leiders: Tsjecho-Slowakije (2,2%), Sovjet-Unie (1,7%), Polen (0,44%), Roemenië (0,041%) en Hongarije (-0,94%).

de jaren 1990

De bruto-investeringen in vaste activa van Oost-Europa bedroeg in de jaren 1990 US$181,8 miljard per jaar. Het aandeel in de wereld was 2,7%, en 8,5% in Europa.

Het aandeel van de investeringen in vaste activa in het BBP van Oost-Europa was 23,2% in de jaren 1990, en was vergelijkbaar met Turkije (23,1%), Malta (23,1%), Haïti (23,3%).

De investeringen in vaste activa per hoofd in Oost-Europa was $588,6 in de jaren 1990s, en was vergelijkbaar met de Caraïben (US$593,3), Panama (US$600,5). De investeringen in vaste activa per hoofd in Oost-Europa was in 2,0 keer lager dan de investeringen in vaste activa per hoofd van de bevolking in de wereld ($1.183,8), en was in 5,0 keer lager dan de investeringen in vaste activa per hoofd van de bevolking in Europa ($1.183,8).

De groei van de investeringen in vaste activa in Oost-Europa bedroeg -10.5% in de jaren 1990. De groei van de investeringen in vaste activa in Oost-Europa (-10,5%) was minder dan de groei van de investeringen in vaste activa in de wereld (2,8%), was minder dan de groei van de investeringen in vaste activa in Europa (0,024%).

Vergelijking met subregio's. De investeringen in vaste activa van Oost-Europa was minder dan in West-Europa (US$1,1 biljoen), in Zuid-Europa (US$448,4 miljard) en in Noord-Europa (US$419,7 miljard). De investeringen in vaste activa per hoofd in Oost-Europa was in Oost-Europa minder dan in West-Europa (US$6,1 duizend), in Noord-Europa (US$4,5 duizend) en in Zuid-Europa (US$3,1 duizend). De groei van de investeringen in vaste activa in Oost-Europa was minder dan in West-Europa (2,2%), in Zuid-Europa (2,1%) en in Noord-Europa (1,9%).

Leiders. De investeringen in vaste activa van Oost-Europa in de jaren 1990 bestond uit: Rusland (54,0%), Polen (13,8%), Tsjechië (8,6%), Oekraïne (7,8%), Hongarije (5,4%), en andere (10,4%). Het aandeel van de investeringen in vaste activa in BBP van de leiders: Tsjechië (30,4%), Rusland (23,5%), Oekraïne (23,0%), Hongarije (22,8%) en Polen (19,9%). De bruto-investeringen in vaste activa per hoofd in Oost-Europa onder de leiders: Tsjechië ($1.517,1), Hongarije ($953,2), Rusland ($664,1), Polen ($652,8) en Oekraïne ($279,2). De groei van de investeringen in vaste activa onder de leiders: Polen (7,4%), Hongarije (2,0%), Tsjechië (1,7%), Rusland (-17,9%) en Oekraïne (-18,7%).

de jaren 2000

De investeringen in vaste activa van Oost-Europa bedroeg in de jaren 2000 US$382,8 miljard per jaar. Het aandeel in de wereld was 3,5%, en 11,4% in Europa.

Het aandeel van de investeringen in vaste activa in het BBP van Oost-Europa was 23,2% in de jaren 2000, en was vergelijkbaar met Macau (23,1%), Oekraïne (23,1%), Georgië (23,1%).

De investeringen in vaste activa per hoofd in Oost-Europa was $1.281,6 in de jaren 2000s, en was vergelijkbaar met Mauritius (US$1.276,3), Maleisië (US$1.274,9), de Maldiven (US$1.266,6). De investeringen in vaste activa per hoofd in Oost-Europa was 24,2% lager dan de investeringen in vaste activa per hoofd van de bevolking in de wereld ($1.690,7), en was in 3,6 keer lager dan de investeringen in vaste activa per hoofd van de bevolking in Europa ($1.690,7).

De groei van de investeringen in vaste activa in Oost-Europa bedroeg 7.2% in de jaren 2000, en was vergelijkbaar met Peru (7,1%),

Zuidelijk Afrika (7,2%). De groei van de investeringen in vaste activa in Oost-Europa (7,2%) was groter dan de groei van de investeringen in vaste activa in de wereld (3,5%), was groter dan de groei van de investeringen in vaste activa in Europa (1,6%).

Vergelijking met subregio's. De bruto-investeringen in vaste activa van Oost-Europa was minder dan in West-Europa (US$1,4 biljoen), in Zuid-Europa (US$809,6 miljard) en in Noord-Europa (US$726,5 miljard). De bruto-investeringen in vaste activa per hoofd in Oost-Europa was in Oost-Europa minder dan in West-Europa (US$7,7 duizend), in Noord-Europa (US$7,6 duizend) en in Zuid-Europa (US$5,4 duizend). De groei van de investeringen in vaste activa in Oost-Europa was groter dan in Noord-Europa (1,4%), in Zuid-Europa (1,2%) en in West-Europa (0,65%).

Leiders. De bruto-investeringen in vaste activa van Oost-Europa in de jaren 2000 bestond uit: Rusland (45,2%), Polen (16,8%), Tsjechië (10,4%), Roemenië (7,8%), Hongarije (6,3%), en andere (13,5%). Het aandeel van de investeringen in vaste activa in BBP van de leiders: Tsjechië (29,2%), Roemenië (28,6%), Hongarije (23,9%), Rusland (21,8%) en Polen (20,9%). De investeringen in vaste activa per hoofd in Oost-Europa onder de leiders: Tsjechië ($3.855,2), Hongarije ($2.401,0), Polen ($1.678,5), Roemenië ($1.392,3) en Rusland ($1.198,4). De groei van de investeringen in vaste activa onder de leiders: Rusland (10,0%), Roemenië (9,7%), Polen (3,9%), Tsjechië (3,8%) en Hongarije (2,5%).

de jaren 2010

De investeringen in vaste activa van Oost-Europa bedroeg in de jaren 2010 US$694,0 miljard per jaar, en was vergelijkbaar met India (US$696,8 miljard), Zuidoost-Azië (US$709,0 miljard). Het aandeel in de wereld was 3,6%, en 16,2% in Europa.

Het aandeel van de investeringen in vaste activa in het BBP van Oost-Europa was 21,6% in de jaren 2010, en was vergelijkbaar met Jamaica (21,6%), West-Europa (21,7%), Rusland (21,5%).

De bruto-investeringen in vaste activa per hoofd in Oost-Europa was $2.358,1 in de jaren 2010s, en was vergelijkbaar met Kazachstan (US$2,4 duizend), Botswana (US$2,4 duizend), Gabon (US$2,3 duizend). De investeringen in vaste activa per hoofd in Oost-Europa was 10,0% lager dan de investeringen in vaste activa per hoofd van de bevolking in de wereld ($2.621,1), en was in 2,4 keer lager dan de investeringen in vaste activa per hoofd van de bevolking in Europa ($2.621,1).

De groei van de investeringen in vaste activa in Oost-Europa bedroeg 2.2% in de jaren 2010, en was vergelijkbaar met Mauritanië (2,2%), Europa (2,2%), de Bahama's (2,2%). De groei van de investeringen in vaste activa in Oost-Europa (2,2%) was minder dan de groei van de investeringen in vaste activa in de wereld (4,1%), was groter dan de groei van de investeringen in vaste activa in Europa (2,2%).

Vergelijking met subregio's. De investeringen in vaste activa van Oost-Europa was 2,8 keer minder dan in West-Europa (US$1,9 biljoen), 25,7% minder dan in Noord-Europa (US$933,7 miljard) en 6,2% minder dan in Zuid-Europa (US$739,6 miljard). De bruto-investeringen in vaste activa per hoofd in Oost-Europa was in Oost-Europa4,2 keer minder dan in West-Europa (US$10,0 duizend), 3,8 keer minder dan in Noord-Europa (US$9,1 duizend) en 2,1 keer minder dan in Zuid-Europa (US$4,8 duizend). De groei van de investeringen in vaste activa in Oost-Europa was groter dan in Zuid-Europa (-0,63%); maar minder dan in Noord-Europa (4,1%) en in West-Europa (2,4%).

Leiders. De bruto-investeringen in vaste activa van Oost-Europa in de jaren 2010 bestond uit: Rusland (54,9%), Polen (14,4%), Tsjechië (8,2%), Roemenië (6,9%), Hongarije (4,5%), en andere (11,1%). Het aandeel van de investeringen in vaste activa in BBP van de leiders: Tsjechië (26,1%), Roemenië (24,3%), Hongarije (22,1%), Rusland (21,5%) en Polen (19,2%). De bruto-investeringen in vaste activa per hoofd in Oost-Europa onder de leiders: Tsjechië ($5.345,3), Hongarije ($3.152,8), Polen ($2.631,6), Rusland ($2.631,4) en Roemenië ($2.409,9). De groei van de investeringen in vaste activa onder de leiders: Hongarije (4,6%), Polen (3,3%), Roemenië (3,0%), Tsjechië (2,2%) en Rusland (1,5%).

www.ingramcontent.com/pod-product-compliance
Lightning Source LLC
Chambersburg PA
CBHW08085822O526
45467CB00008B/2545